フラーンデレン
基礎自治体令の草稿

―Belgium・Vlaanderen―

佐藤　竺　訳

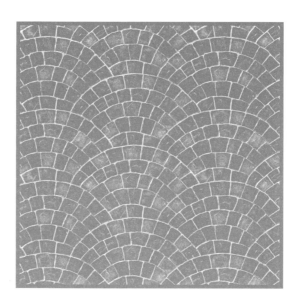

公職研

まえおき

　本書は、ベルギー王国を南北に二分する地域圏の北側半分に位置するフラーンデレンで2005年5月26日に制定された基礎自治体令の草稿(『VOORONTWERP VAN GEMEENTEDECREET』)の本文と当時のフラーンデレン総理大臣Yves LETERME、フラーンデレン内務、都市政策、住宅、同化大臣Marino KEUREN両名の連名で公表された解説(『ONTWERP VAN MEMORIE VAN TOELICHTING BIJ HET ONTWERP VAN GEMEENTEDECREET』原文はオランダ語)の該当部分を翻訳し、編集したものである。なお、この草稿と制定された自治体令は同一である。また、もう一方の南半分に位置するワロン地域圏の基礎自治体令については関連文献を添えて刊行済み(拙著『ベルギーの連邦化と地域主義』敬文堂刊の補完資料集)だが、フラーンデレンについては制定のタイムラグもあって入手が遅れたため今日に至った。

　そもそも、ベルギー王国は、1830年オランダから独立して以来単一国家だったが、前世紀70年代に連邦国家に移行、今世紀初頭には地方自治関係法令も全て別個に制定・施行することになった。元来民族的に見れば北側のフラーンデレン(日本ではフランダースと呼ばれてきた)は北方系のケルト族である一方、南側のワローニャは南方系のロマンシュと異なっており、また、独立後当初は経済的基盤を有するワローニャが実質的には優位性を保ってきたものの、第2次世界大戦後の産業構造の転換に伴ってフラーンデレンが優位に立ってきたという事情が

i

ある。それが、今回の連邦化に伴い連邦と2地域圏の関係は形式的には対等同格へと変化している。

　さて、本書は前述の通り、既刊書と対をなす。第2次世界大戦後の福祉国家の潮流は他方で中央集権型国家を志向するとされてきた。この政治学上の常識を覆して単一国家から連邦国家への転換を遂げたベルギーにおいて、その連邦を構成する各「国家」の内部統治機構と連邦との関係について言及する類似書はほぼないといってよい。確かにベルギー王国はヨーロッパの小国であり等閑視できるという見方もあろうが、少なくともEUという超国家の中心としての機能を果たす国の統治機構が持つ多層性を紹介することは、福祉国家の中での地方分権を推進しようとする一方で、人口減少社会の到来を見据えた行政機能の再構築を迫られている日本に対して何らかの示唆を与えるものと考える。

　このフラーンデレンの基礎自治体令の紹介によって著者のベルギーに関する研究は完結する。このため、何としても本書を刊行したかったが、紆余曲折を経て、岡田彰氏のご尽力によって望みが適うことになった。改めて感謝申し上げたい。

2019年4月23日
佐藤　竺

フラーンデレン基礎自治体令の草稿　目次

第Ⅰ編　一般諸規定 ……………………………………………………… 2

第Ⅱ編　基礎自治体行政部 ……………………………………………… 6

第Ⅰ章・基礎自治体議会 …6
Ⅰ節・基礎自治体議会の組織 …6
第Ⅱ節・基礎自治体議会の活動 …26
第Ⅲ節・基礎自治体議会の諸権限 …43

第Ⅱ章・首長と理事たちの理事会 …47
第Ⅰ節・首長と理事たちの理事会の設置 …47
第Ⅱ節・首長と理事たちの理事会の活動 …59
第Ⅲ節・首長と理事たちの理事会の諸権限 …61

第Ⅲ章・首長 …64
第Ⅰ節・首長の任命 …64
第Ⅱ節・首長の諸権限 …66

第Ⅳ章・法的地位・規律・責任 …69
第Ⅰ節・法的地位 …69
第Ⅱ節・規律 …71
第Ⅲ節・責任 …71

第Ⅴ章・基礎自治体の部局 …73
第Ⅰ節・一般諸規定 …73
第Ⅱ節・一般諸規定　書記、副書記、財務管理者及び管理団 …73
　第Ⅰ分節・共通の利益 …73
　第Ⅱ分節・基礎自治体書記及び基礎自治体副書記 …78
　第Ⅲ分節・財務管理者 …82
　第Ⅳ分節・管理団 …84
第Ⅲ節・内部統制 …86

第Ⅲ編　職員　89

第Ⅰ章・適用範囲 …89
第Ⅱ章・職員採用計画と職員構成 …91
第Ⅲ章・職員の法的地位 …92
 第Ⅰ節・一般諸規定 …92
 第Ⅱ節・法的地位規則 …92
 第Ⅲ節・職員の任命、罷免及び宣誓 …94
 第Ⅳ節・義務論的権利と義務 …94
 第Ⅴ節・職員の評価 …96
第Ⅵ章・更なる実施方法 …98
第Ⅴ章・行政監督に関する特別規定 …99
第Ⅵ章・規律 …101
 第Ⅰ節・適用範囲 …101
 第Ⅱ節・規律違反 …101
 第Ⅲ節・懲戒罰 …101
 第Ⅳ節・懲戒当局 …102
 第Ⅴ節・懲戒手続 …103
 第Ⅵ節・懲戒請求の時効 …105
 第Ⅶ節・予防停職 …106
 第Ⅷ節・上訴 …107
 第Ⅸ節・懲戒の削除 …109

第Ⅳ編　計画と財務管理　110

第Ⅰ章・一般諸規定 …110
第Ⅱ章・戦略上重要な長期計画 …111
第Ⅲ章・予算 …113
第Ⅳ章・予算の執行、予算の保持及び資金の管理 …118
 第Ⅰ節・予算の保持 …118
 第Ⅱ節・支払の実施、収入の取立て及び資金管理 …125
第Ⅴ章・会計記録・財務報告及び資金管理 …127
第Ⅵ章・投資、年度会計及び返済 …134

第Ⅶ章・行政監督に関する特別規定 …139
第Ⅷ章・フラーンデレン政府による一層の詳述 …144

第Ⅴ編　基礎自治体の職務規程 …145

第Ⅰ章・基礎自治体の文書 …145
　　第Ⅰ節・文書の作成と署名 …145
　　第Ⅱ節・公布と発効 …147
　　第Ⅲ節・公布方法 …148
　　第Ⅳ節・基礎自治体への書簡 …148
第Ⅱ章・期限の計算方法 …149
第Ⅲ章・基礎自治体の財産 …150
　　第Ⅰ節・領地法からの逸脱 …150
　　第Ⅱ節・基礎自治体の道路 …150
第Ⅳ章・裁判所での行為 …152
第Ⅴ章・基礎自治体の法人への参加 …153
第Ⅵ章・基礎自治体間の協定 …156

第Ⅵ編　市民参加 …157

第Ⅰ章・苦情処理 …157
第Ⅱ章・参加 …158
第Ⅲ章・請願 …160
第Ⅳ章・住民投票 …162

第Ⅶ編　基礎自治体独立諸機関 …167

第Ⅰ章・基礎自治体内部独立諸機関 …167
第Ⅱ章・基礎自治体外郭独立諸機関 …170
　　第Ⅰ節・一般諸規定 …170
　　第Ⅱ節・基礎自治体自治公社 …176
第Ⅲ章・私法形態の基礎自治体外郭独立機関 …186

第Ⅷ編　行政監督と外部監査　……………………………………… *189*

第Ⅰ章・行政監督 …*189*
　　第Ⅰ節・一般諸規定 …*189*
　　第Ⅱ節・一般的行政監督 …*191*
　　第Ⅲ節・強制監督 …*198*
　　第Ⅳ節・二つのレベルで構成される統合された警察業務の組織のための1998年12月7日の法律によって創設された単独基礎自治体警察管区と複数基礎自治体警察管区…*199*
第Ⅱ章・外部監査 … *201*

第Ⅸ編　公共社会福祉センターとの協働　………………………… *207*

第Ⅹ編　憲法第41条の意味での基礎自治体内地域機関 ………… *208*

第Ⅰ章・地区執行部 …*208*
第Ⅱ章・地区評議会の活動 …*213*
第Ⅲ章・地区理事会の諸会議、諸審議及び諸決定 …*214*
第Ⅳ章・地区当局の公文書に適用される諸規定 …*215*
第Ⅴ章・諸権限 … *216*

第Ⅺ編　雑則　………………………………………………………… *221*

第Ⅰ章・基礎自治体名の綴り方 …*221*
第Ⅱ章・基礎自治体の合併と分離 …*222*

第Ⅻ編　最終規定　…………………………………………………… *224*

{以下はこれまでの条文の解説のため省略}

*
　草稿は明朝体、解説はゴシック体およびインデントでそれぞれ示す。
　文中の｛　｝は訳者注を示す。

フラーンデレン基礎自治体令の草稿
―Belgium・Vlaanderen―

佐藤　竺　訳

フラーンデレン基礎自治体令の草稿

フラーンデレン政府

フラーンデレン内務、都市政策、住宅、同化大臣の提案について；
審議を経て、決定。
フラーンデレン内務、都市政策、住宅、同化大臣がフラーンデレン政府の名前でフラーンデレン議会に命令議案を提出するが、その本文は以下の通りである：

第Ⅰ編－一般諸規定

第1条
本命令は地域圏事項を規制する。
　　　1980年8月8日の機構改革特別法（以下 BWHI）第19条§1第2項に従って本命令議案は地域圏若しくは基礎自治体の問題に関して言及する。現行議案は、それについてフラーンデレン地域圏が、地域圏と基礎自治体に各種の権限を移譲した2001年7月13日機構改革法第6条§1のⅧに基づき権限を付与されている主に地域圏の問題に関係している。
　　　それにもかかわらず本議案の若干の規定はやはり基礎自治体の問題に関係しているので、これに従ってやはり言及する。

第2条
諸基礎自治体は地方レベルでの市民たちの福祉に及び基礎自治体分野の持続的発展に寄与することを意図する。憲法第41条に従ってそれらは基礎自治体のために全面的にその先導ができる実現のための権限を有している。
制度改革のための1980年8月8日の特別法の第6条、§1、Ⅷの第2項及び制度改革のための1980年8月9日の一般法の第46条に従って並びに実権配分原則を適用して、諸基礎自治体はさらに法律か命令によって若しくは従ってそれらに託されている諸権限を行使する。

命令によって明白に規定されている場合だけ、諸県は諸基礎自治体の協力を規制できる。

　本条第1項ではさらに基礎自治体の関心下にあると解されるものが言及される。

　本規定は、多くの外国の基礎自治体の実例に従って、任務若しくは目的の宣言を含む。それにもかかわらず本規定は基礎自治体政府の領域内にある市民たちについて実質的な権利を創り出すつもりはない。

　本規定は'市民全体'の福祉に関する基礎自治体の任務について意識的に選び抜かれた。それゆえにこの任務は基礎自治体の住民たちだけに適用されるのではない。基礎自治体は基礎自治体の領域にやってきた基礎自治体に居住する他国民たちの福祉を助長することにも気を配る。

　'持続可能な開発'という言葉は同様に将来の世代の福祉を目指す狙いがある。

　第2項は基礎自治体が同様に国法若しくは命令によって地方の利益を超える業務の遂行に共同作業（共同管理）が認められうるということを詳しく述べている。

　本条では、同様に基礎自治体が他の政府レベル、とりわけ中央政府や県との関連で説明される。

　これらの規定は革新的業務についての論議から流れ出る。基礎自治体は基礎レベル、第一線管理及び市民と政府の最初の接触点である。基礎自治体は広範な地方の職権についての公開の報告書を持っている。

　ここでは実権配分原則に力点を置く。政策決定は最も便利なレベルで、市民にできる限り近いところで行われなければならない。その上、地方自治とは、法律の範囲内で、公共問題の重要な部分をその自らの責任によって、地方住民の利益のために規制し運営する地方当局の権利と能力を意味すると述べている地方自治に関するヨーロッパ地方自治憲章を参照するよう指示できる（第3条の1）。ヨーロッパ憲章はまた政府の責任は概してなるべくなら市民たちに最も近くにあるそれらの当局によって果たされなければならないということを定めている。別の当局に責任を課した場合は、任務の範囲と性質及び効率と節約の要求が考慮されなければならない（第4条の3）。

　基礎自治体は基礎自治体のためになると考えるものを、それらの事項が憲法、国法若しくは命令によってかまたは従って撤回されていない限り、自ら判断できる。基礎自治体はそれに加えて国法若しくは命令により全体の利益

になる任務への共同作業への援助を求めることができる。
　県だけが命令によってはっきりと規定されている場合に基礎自治体の共同作業を規制できる。従ってそれぞれの具体的な履行任務について県に代わって基礎自治体に課すには特別命令に基づかなければならない。併しながら、この規定は、基礎自治体にとって県と協定を締結する可能性に、基礎自治体がこれを望ましいと思うならば影響しない。

第3条
諸基礎自治体は基礎自治体の諸権限の丁重で民主的な分かり易くて能率的な行使を約束する。
それらはできるだけ住民を政策に関わらせて開かれた政府に配慮する。
　本条は再び基礎自治体がその権限を行使する場合の幾つかの重要な原則を保障する。またここでは任務若しくは意向の宣言に関わるが、その際それにもかかわらず決して裁判官の管轄下で実質的な権利を創出することはない。

第4条
本命令は規制の適用となるという条件付で制度改革のための1980年8月8日の特別法の第6条、§1、Ⅷの第1項1º、第1インデント、及び4º、第1項のa、並びに第7条、§1、第1項と第3項に規定されているフラーンデレン地域圏の全基礎自治体に適用される。
　本命令は条約法(基礎自治体法、基礎自治体選挙法、公共社会福祉センターに関する組織法、県法、選挙法典、県議会選挙規制法及び同時議会選挙規制法を改正した1988年8月9日の国法)に従って基礎自治体法、基礎自治体選挙法、公共社会福祉センターに関する組織法、県法、選挙法典、県議会選挙規制法及び同時議会・県議会選挙規制法(1980年8月8日の機構改革特別法の第6条§1のⅧ、第1項1º、第1インデント、及び4º第1項のa、及び第7条§1の第1・第3項)に記載された諸規定に違反しない限り、フラーンデレン地域圏の全基礎自治体に適用する。
　それはとりわけ以下に関連がある：
-- ブリュッセル郊外基礎自治体及びKomen-Waasten若しくはVoeren基礎自治体での理事たちの直接選挙；
--Komen-Waasten若しくはVoeren基礎自治体の常任代表団に代わる知事による行政監督権の行使；
-- 県知事会は幾つかの法定の問題でヘーネハウエン{Henegouwen・仏語ではHainaut}若しくはリンブルフ{Limburg・仏語ではLimbourg}の県知事

に、この後者が Komen-Waasten 若しくは Voeren 基礎自治体のそれぞれについて一定の決定をすることができる前に同じ内容についての助言を提供しなければならないという要請；-- 言語知識の推測はもとより、周辺・言語境界基礎自治体において基礎自治体代表団のために基礎自治体が位置している言語圏の言語についての必須の言語知識。

第Ⅱ編 – 基礎自治体行政部

第Ⅰ章・基礎自治体議会

第Ⅰ節・基礎自治体議会の組織
第5条
§1. 基礎自治体議会は基礎自治体の全住民を代表する。
1° 住民 1,000 人以下の基礎自治体では 7 議員；
2° 住民 1,000 人から 1,999 人の基礎自治体では 9 議員；
3° 住民 2,000 人から 2,999 人の基礎自治体では 11 議員；
4° 住民 3,000 人から 3,999 人の基礎自治体では 13 議員；
5° 住民 4,000 人から 4,999 人の基礎自治体では 15 議員；
6° 住民 5,000 人から 6,999 人の基礎自治体では 17 議員；
7° 住民 7,000 人から 8,999 人の基礎自治体では 19 議員；
8° 住民 9,000 人から 11,999 人の基礎自治体では 21 議員；
9° 住民 12,000 人から 14,999 人の基礎自治体では 23 議員；
10° 住民 15,000 人から 19,999 人の基礎自治体では 25 議員；
11° 住民 20,000 人から 24,999 人の基礎自治体では 27 議員；
12° 住民 25,000 人から 29,999 人の基礎自治体では 29 議員；
13° 住民 30,000 人から 34,999 人の基礎自治体では 31 議員；
14° 住民 35,000 人から 39,999 人の基礎自治体では 33 議員；
15° 住民 40,000 人から 49,999 人の基礎自治体では 35 議員；
16° 住民 50,000 人から 59,999 人の基礎自治体では 37 議員；
17° 住民 60,000 人から 69,999 人の基礎自治体では 39 議員；
18° 住民 70,000 人から 79,999 人の基礎自治体では 41 議員；
19° 住民 80,000 人から 89,999 人の基礎自治体では 43 議員；
20° 住民 90,000 人から 99,999 人の基礎自治体では 45 議員；
21° 住民 100,000 人から 149,999 人の基礎自治体では 47 議員；

22º 住民 150,000 人から 199,999 人の基礎自治体では 49 議員；
23º 住民 200,000 人から 249,999 人の基礎自治体では 51 議員；
24º 住民 250,000 人から 299,999 人の基礎自治体では 53 議員；
25º 住民 300,000 人か若しくはそれ以上の基礎自治体では 55 議員；

    §1. 基礎自治体議会は単にそれを選んだ人々の代表であるばかりでなく、基礎自治体住民全体の代表でもある。この点についてはまた県法第 62 条及びオランダ憲法第 7 条を見よ。基礎自治体議会の議員数は不変である。

§2. 理事たちと首長は基礎自治体議会議員に選ばれたものに加えて基礎自治体議会の一員となる。

    §2. 理事たちと首長は原則として基礎自治体議会の一員である。従って理事会と議会とに厳密な区別は付けられない。それにもかかわらず基礎自治体議会議員のように公選されないので理事たちと首長が基礎自治体議会の一員を構成しないと見なされる幾つかの例がある。これは特に首長、公共社会福祉センター理事長若しくは基礎自治体議会とは別の他の性の理事たちといった人々の任命の場合であるだろう。

    議会とは別に選挙された首長と理事たちは基礎自治体の会議に出席しなければならないが、助言の意見を述べるだけでしかない。

§3. 遅くとも基礎自治体議員たちの全面改選が執行される年の 1 月 1 日までに、フラーンデレン政府は、内務大臣によってベルギー法令全書に公告され、ベルギー法令全書の一覧表の公告で解説されている新基礎自治体法の第 5 条の最終項に従って、及び基礎自治体の人口数を基に、基礎自治体毎に基礎自治体議会議員の人数の一覧表を作成する。考慮される人口は、基礎自治体議会の全面改選の前年の 1 月 1 日に当該基礎自治体に主な住所を有していた、国立登録所に登録された、その自然人の人数である。

    §3. 選挙される基礎自治体議会議員数はフラーンデレン地域圏の権限で確定される。人口数の確定は連邦の権限である。そのため新基礎自治体法第 5 条は基礎自治体の人口数の確定とそれについてのベルギー法令全書での公表に関するものを除いてフラーンデレン地域圏を関与させない。新基礎自治体法第 5 条に従って最後に内務大臣によって選挙の年の 5 月 1 日までにベルギー法令全書で公示されなければならない。フラーンデレン政府は本命令の第 5 条に従って順番に遅くとも 6 月 1 日までに選挙される基礎自治体議員の人数表を作成し、それについてベルギー法令全書で公示する任務を与える。

第6条
§1. 基礎自治体議会は6年おきに全面改選される。議員たちは基礎自治体議会選挙人たちによって直接選挙される。彼らは再選が可能である。

 §1. 基礎自治体議会議員たちの直接選挙は基礎自治体法第162条第2項1ºで保障されている。基礎自治体議会選挙人、即ち基礎自治体議会のために有効な選挙権を自由に行使できる者は、基礎自治体選挙法に定められている。

§2. 基礎自治体議会の全面改選の後退職する基礎自治体議会議員たちは新たに選出された基礎自治体議会議員たちの当選証書が審査されてその就任が行われるまで職に留まる。

 §2. 任期満了退職の基礎自治体議会議員たちは新たに選出された基礎自治体議会議員たちが宣誓を行うそのときまで職に留まる。基礎自治体議会選挙は基礎自治体議会の全面更新を意味する。基礎自治体議会の一部更新、例えば基礎自治体議会議員の辞職の場合もある。

第7条
§1. 選出された基礎自治体議会議員たちは基礎自治体議会の全面改選後に退職する基礎自治体議会議長によって就任集会のために招集されるが、それは法定上基礎自治体庁舎で1月の第1平日の20時に行われる。
若しも選挙に対して異議申立がなされたならば、そしてその後で全く有効なことが明らかになったならば、新たに選出された議会議員たちは退職する基礎自治体議会議長によって選挙結果が確定する日から10日以内に就任集会に招集される。新たに選出された議会議員たちが退職する議長によって10日以内に招集されない場合には、首長と理事たちの理事会の退職する理事たちに対して序列の順番で招集が行われる。

 §1. 選出された基礎自治体議会議員たちは基礎自治体議会の全面更新の後で退職する基礎自治体議会議長によって招集される。基礎自治体議会自体は自由にその議長を選べるし、これには首長は必要がないので、これは首長による招集の必要は生じないだろう。例え彼が再選されなかったとしても退職する議長がこれに対して権限があるだろう。若しも退職する議長が役割を果たせないならば、首長と理事たちの理事会の退職する理事たちがその席次に従って開催する（§2も見よ）。

 就任集会は法定通り1月の第1平日の20時に当該基礎自治体役場で開かれる。就任集会が法定通り開かれるという事実があってもやはり第21条同様の招集状を送達するのが望ましい。就任を余りにも長く引き延ばすのを避ける

ために法定の就任集会について決まった時期に開催させるのが選ばれた。さらに理事たちの選出と公共社会福祉センター理事長の選出の期日の合間を理事としてはできるだけ短縮するようにとの付記が意図された。就任集会においては当選証書が調べられて基礎自治体議会議員は宣誓を行う。彼らは基礎自治体議会議長と公共社会福祉センター議員たちを選出する。若しも選挙への異議が申し立てられてもその後選挙が有効と宣言されれば、就任集会は選挙結果が確定される日から10日以内に招集されなければならない。

§2. 退職する基礎自治体議会議長が就任集会の議長を務める。彼は新たな議長が選出されるまで基礎自治体議会の議長に留まる。退職する議長が就任集会の議長を務めることができない場合には、首長と理事たちの理事会の退職する理事の一人によって序列の順番で議長が務められることになる。

　　　　§2. この規定はもはや説明の必要がない。

§3. 基礎自治体議会は選出された就任集会の議長を務める者たちの当選証書を審査する。当選証書が承認された選出された議会議員たちは公開の集会で就任集会の議長の手中で以下の宣誓を行う：「私は私の任務を果たすことを誓う。」就任集会の議長は、基礎自治体議会議員に選出された場合には、首長の手中で宣誓を行う。退職する首長が就任集会の議長を務め、基礎自治体議会議員に再選された場合には、彼は最年長の基礎自治体議会議員の手中で宣誓を行う。フラーンデレン政府は宣誓実施から20日以内に通告される。

　　　　§3. 当選証書は基礎自治体議会自体によって調べられ、新基礎自治体法に従った場合の常任代表団によってではない。ベルギーのその他全ての国会若しくは議会は確かに自らその構成員たちの当選証書を調べる。さらに基礎自治体議会はすでに議席が一つかそれ以上空席となったときに代理人及び後任の当選証書を調べることもできた（基礎自治体選挙法第84条§2）。

　　　　この新たな規定は基礎自治体議会が必要ならば被選挙資格の条件に関して自らについて反対を述べる権限があるということを意味する。これらの反対は当選証書の調査の前に基礎自治体議会に提示されなければならない（県選挙法第31条参照）。この手続は基礎自治体選挙法にさらに詳しく述べられている。

　　　　さらに常任代表団はその構成、活動及びその規則が基礎自治体選挙法に規制されるはずの独立の新設される行政裁判所に取って代わられる。

　　　　本基礎自治体令議案はこの新設される行政裁判所が選挙の有効性だけを審査しもはや当選証書については行わないことを定める。基礎自治体選挙法で

は多分人が自分自身の当選証書を承認できない手続が提供されるだろう。当選証書に関する基礎自治体議会の決定に対して本議案の第13条に従って上訴は多分行政裁判所に提起されるだろう。

さらに新しい宣誓形式「私は私の信任への責務を忠実に果たすことを誓う」が定められた。この新たな宣誓形式は公共社会福祉センター法の第20条の本文に盛り込まれている。その宣誓形式はすでに1831年に遡って新基礎自治体法第80条に含まれていた。その宣誓形式そのものの範囲は最大限に広がっており、こうしてベルギーの国家構造によりその中で認められた自治とは矛盾しないという事実があるにもかかわらず、この宣誓形式の放棄、少なくとも主観的には、妨害が一定の基礎自治体議会議員たちによって経験されている。従ってやはり宣誓形式についてはより一般的且つ客観的に表現するのが適当と思われる。基礎自治体議会議員たちによる宣誓形式の確定に関する権限が基礎自治体組織規則に関する権限の一部として地域圏に移譲されているのは妥当と思われる。

本命令の適用の際は「委任」の概念は公選の受任者が達成する任務を指す。それに対して「公職」の概念はそれに人が政府によって任命される公的な職を指す。

第3段標{§3}の最後の項は基礎自治体の全受任者の継続的に更新される情報を提供する機会を所管する行政当局に導入する。これまでこれは基礎自治体議会内ではほとんど起こりえなかったのでそれに代わるものについては基礎自治体立法部の中では系統的に研究されなかった。

§4. 選出されたが宣誓を行わない議会議員たちは、その職を放棄したものと見なされる。

§4. 就任集会に出席して宣誓を行わない公選の基礎自治体議会議員たちは彼らの受任を放棄してしまったと見なされる。修正された宣誓形式を考慮に入れると、人が自らここでなお宣誓の実行に対してなお抵抗したいと望むわけは理解できない。併しながら第13条で意図される行政裁判所への上訴の機会は用意されている。

§5. 就任集会に出席せず、そのため明確に招集されているのに正当な理由もなくその次の最初の集会にも欠席した選出された議会議員たちはその任務を放棄したと見なされる。

§5. この規定は新基礎自治体法第81条に取って代わる。この仮説においては公選の基礎自治体議会議員はまだ就任していないために受任の放棄の推測

は基礎自治体議会議員としての辞職の推測よりも法的には正確と見なされる。理由を主張して'有効'か否かを決定するのは基礎自治体議会である。ここでも第13条に述べられている行政裁判所に対して上訴ができる。

第8条
§1. 就任集会では基礎自治体議会議員たちはその議員たちの中から議長を一人指名する。議長は議長候補者の推薦名簿証書を基に指名され、議員当選者の名簿上の過半数によって署名される。容認されるにはやはり指名行為が指名された候補者と同じ名簿で選出された者たちの過半数によって署名されなければならない。議長候補者の氏名が載っている名簿がたった二人だけの場合には、その一人の署名で足りる。推薦名簿証書への署名は一人しかできない。
推薦名簿証書もやはり議長候補者の任期終了日に触れることができるが、さらにその任務の残りの期間を引き継ぐ者の氏名も同様である。
証書は基礎自治体議会の就任集会の前遅くとも8日間で基礎自治体書記に手渡される。

　§1. 本条は基礎自治体議会議長の選挙を規制する。基礎自治体議会は自らの議長を選挙する。従って首長はもはや基礎自治体議会の議長である必要はない。基礎自治体議会はまたこの任務を別のもう一人の基礎自治体議会議員によって遂行させることを決定できる。基礎自治体議会議長の新たな職務の導入は基礎自治体レベルでの一つの新たな'より高級な'職務を創出する。憲法第8条に従って唯ベルギー人だけが政治的権利を行使できるが、連邦立法府は一定の条件の下で非ベルギー人に積極的消極的な選挙権を認めている。

　連邦立法府は欧州連合の非ベルギー市民に1999年1月27日の法律（ベルギー法令全書1999年1月30日）によってこれを十分に活用することができた。連邦立法府はベルギー人に限って行使する首長及びその臨時又は代理の職を除外してきた。その上経過規定の方法で理事たち又はその暫定職又は臨時職の権限が2006年10月の第2日曜日の前日までベルギー人に留保された。2006年基礎自治体議会選挙以降はこの規定は同様に理事たちの職に選挙されることができるはずの欧州連合の非ベルギー市民たちにはもう適用されない。国会の所見に応えるためにはベルギー国籍の議長が必要であると明確に規定されている。さらにここではフラーンデレン政府に基礎自治体議会議長選挙に関して報告する義務が付け加えられている。

　基礎自治体議会議長は三分の二多数決の候補者推薦証書に基づいて選出される。

合同候補者推薦証書は同一名簿に推薦された候補者として選ばれた者たちの過半数によって署名されなければならない。この資格要求は基礎自治体受任者の日和見主義的な動機に打ち勝つ狙いがあり、やはりすでに新基礎自治体法第15条§1第1項に遡って見出せる。これは、別の名簿と結び付くことによって、選出が余りにも気楽に最初の名簿仲間を捨てて、基礎自治体議会議長職を交代することを防ぐ狙いがある。現行の規則はそのために同一名簿で当選した少なくとも基礎自治体議会議員たちの半数プラス1人の信任を受けられなければ議長に選出されることはできないと配慮する。その上推薦証書はまた選挙に参加した名簿上の当選者の少なくとも半数以上によって署名されなければならない。
　基礎自治体議会の各当選者は唯一つだけ推薦証書に署名できる。
　基礎自治体議会議員たちの就任の推薦証書の署名時にはまだ行われていないので、基礎自治体議会議員たちに代わる基礎自治体議会当選者たちについて本命令の本文が言及する。併しながら、就任集会の議長は、基礎自治体議会議員たちが宣誓を行った後で、推薦証書が容認できるかどうかを検討し、前述の三分の二多数決が準備されなければならない。このため宣誓を行った基礎自治体議会議員たちの署名だけが考慮に入れられるが、併しながら、推薦証書に署名し、それ以降に基礎自治体議員として宣誓を行う後継者たちも含む。推薦証書は従って議会の当選者の過半数に加えて、予定される後任たちの署名も含めることができる。就任集会では、宣誓を行った後で点検されるか又は有効な基礎自治体議員たちの過半数によって証書に署名されるだろう。唯ぎりぎり過半数の場合には、従って議会の当選者たちばかりでなく、その後任たちも証書への署名に指名されるだろう。なぜなら一定の議会当選者たちが、退職、死亡、利益相反、基礎自治体議会議員としての宣誓が行えないだろう（できない）がためと考えられる。
　推薦証書が、確かに基礎自治体議会当選者の過半数によって署名されたものだったとしても、基礎自治体議会議員の過半数によって署名されず、承認されないということは起こりうる。
　さらに推薦証書が議長候補の任務の任期満了に言及できるならば、同様にその任務の残任期間を引き継ぐ予定のその人の名前を挙げることができるだろう。予定された議員の任期満了時に、退任と引継ぎが自動的に行われる。それらは合法的に行われる。若しも何らかの別の理由（例えば死亡）で任務の終了が急がれるならば、後任は任務の引継ぎを急がされるだろう。若しも上

第8条

述の後任がもはや予定された任期満了か若しくはその任務を引き受けるのを急がなければならないときに考慮に値しないならば、交代のための通常の規則が§4に従って適用されるだろう。

§2. 基礎自治体議会議員たちが宣誓を行った後で、基礎自治体書記は議長候補者の推薦名簿証書を就任集会の議長に手渡す。

就任集会の議長は§1に規定された諸条件に従って容認できるかどうかを審査する。ここでは宣誓を行った基礎自治体議会議員たちの署名だけが、推薦名簿に署名し、その後で基礎自治体議会議員として宣誓を行った後継人たちの署名を含めて、考慮に入れられる。適切な場合には指名された議長候補者は明確に選出される。

　　　§2. 若しも証書が容認されれば、推薦された議長候補が選出されたと宣告される。唯証書だけが受領されるにすぎない。従って就任集会ではもう選挙は行われない。これはやはり唯基礎自治体議員たちの多数によって有効に署名されただけでとにかく推薦証書は容認されると見なされるので必要とは考えられない。

§3. 容認できる推薦名簿証書が議長候補者によって就任集会の議長に提出されない場合には、基礎自治体議会は14日以内に議長を選出することになる。

このために基礎自治体議会議員たちは遅くとも基礎自治体議会の次回の集会の前3日までに基礎自治体書記に対して慎重に考慮した推薦名簿証書を提出できる。容認できるためには推薦名簿証書が指名された候補者として同じ名簿で選出された者たちの少なくとも過半数によって署名されなければならない。議長候補者の氏名が載っている名簿がたった二人だけしか含まれない場合には、その一人の署名で足りる。§1に違反していなければそれぞれの基礎自治体議会は推薦名簿証書に署名できる。

投票は秘密投票で行われる。

投票の絶対多数を獲得した候補者が基礎自治体議会議長に選出される。いずれの候補者も投票の絶対多数を獲得しない場合には、且つ若しも何人かの候補者が空席の職務に指名された場合には、第2回目の投票が行われ、そこでは投票の第1回目に最多数の投票を獲得した二人の候補者に投票が行われることになる。第1回目の投票で投票が同数の場合には、基礎自治体議会選挙で記名投票の最多数を獲得した候補者が第2回目の投票を考慮に入れて候補者になる。第2回目の投票で投票の絶対多数を獲得した候補者が議長に選出される。投票が同数の場合には、最多数の記名投票を獲得した候補者が議長に選出される。記名投票が規定されて

いて記名投票の数が獲得されない場合には基礎自治体議会選挙で最多数を獲得した名簿の者たちの名簿の候補者が選出される。

　　§3. 若しも議長候補の推薦証書が就任集会の議長に提出されないか又は提出された証書が容認されず三分の二多数決に達しないことが明らかになれば、基礎自治体議会は議長選挙までの14日以内に承認しなければならない。

　　§1と§2に述べられた選挙方法とは対照的に、そのときこれでは証書だけの代わりに推薦証書に基づき単純多数決によって基礎自治体議会自身での選挙が行われることになる。その場合には、厳密にいえば幾つかの推薦証書が提出できる。証書は指名された候補と同一の名簿で選出された者たちの過半数によってばかりでなく、基礎自治体議会議員の過半数によっても署名されなければならない。

　　同様に唯基礎自治体議会の選挙によってだけが、証書が基礎自治体議会議員の過半数によって提出されたかどうかをはっきりさせるだろう。この選挙は秘密選挙で行われる。本命令議案はさらにどの候補も投票の絶対多数を獲得していない時にどの候補が選出されるかを決定する。

§4. 議長がその職務を受諾しない場合には、その基礎自治体議会議員の職務は明らかに失われ、或いは出席不可、退任若しくは停職させられ、辞職したか死亡したならば、§1から§3に従って基礎自治体議会の次の最初の集会で新たな議長選挙が行われる。新たな選挙までは議長職は第2項に従って代行される。

議長が別の理由で一時的に不在となった場合か若しくは特定の問題に関与している場合、又は当事者の場合には、最年長の基礎自治体議会議員が一時的に議長職を代行する。年齢が同じ年長者ならば、最近の基礎自治体議会の全面的改選で記名投票の最高数を獲得した基礎自治体議会議員が優先的に選ばれる。最年長の基礎自治体議会議員がこの場合に議長を代行できない場合には、議長職は年功序列に従って別のもう一人によって代行される。年齢が同じ年長者ならばその職務は選挙で記名投票の最多数を獲得した基礎自治体議会議員によって代行される。

支障があると見なされ、停職若しくは一時不在となる議長は、支障があり、停職させられるか若しくは一時不在となる限り全て代行される。基礎自治体議会は支障若しくは停職の期間の終了を書き留める。

　　§4. この段標は基礎自治体議会議長の暫定的並びに最終的な交代を規制する。

　　第1項では議長が最終的に若しくは少なくとも重大な局面の時期に退任する場合の交代が規制される。議長がその任務を引き受けないならば、彼の基

礎自治体議会議員の任務は公然中断され、出席不可能と考えられたら、一時停止させられるか若しくは中断され、辞職するか死亡ならば、新たな議長選挙に移らなければならない。新たな選挙までは議長職が第2項に記載された暫定的交代の制度に従って果たされなければならない。

　第2項は議長の暫定的交代を規制する。これは第1項で言及された議長が一時不在となる別の理由の場合である。さらに基礎自治体議会議長が党派に関係していてこのために自らその職務の遂行を控えねばならない場合を想定した一般的な交代規則での暫定的交代を加えるのは時宜を得たものと考えられた。同じような状況は基礎自治体議会議長が首長の時は一層容易であろう。暫定的交代の制度では年功序列で最年長の基礎自治体議員が議長職を代行する。

　妨げになると考えられ、一時停止させられるか若しくは一時不在となる議長は妨げになるか、一時停止させられるか若しくは一時不在となる限り全て交代させられる。

第9条

その就任前に辞任したい選出された基礎自治体議会議員は基礎自治体書記に書面で通告する。辞任は基礎自治体議会がこれを知れば直ちに決定される。

　本条は新基礎自治体法第9条の第1項と第2項を再掲する。

　それは基礎自治体議会議員によるその任務の就任前の辞退が起こる機会を予定する。その時点ではまだ新たな基礎自治体議会議長は選出されていないので、辞退は書面で基礎自治体書記に通知されなければならない。

　第13条は辞退についての独立裁判所への異議の申立の機会を予定する。

　本命令作成者は現行の法的保護、とりわけ行政裁判所による判断、その後さらに国務院への上告の機会を阻害する意図など全く持っていない。併しながら、そのために常任代表団の権限を新たに設立された行政裁判所に交代させ、基礎自治体選挙法に従って均一性と明確さのために異議申立に関して判断を下すことが選ばれた。その行政裁判所の設立、構成、手続及び活動はさらに基礎自治体法に規制されるだろう。

第10条

§1. 被選挙資格をもはや満たしていない基礎自治体議会議員の職は、当該基礎自治体議会が聴聞を行った後で基礎自治体議会によって失効とされる。
首長と理事たちの理事会は、職の失効を招来できる諸々の事実を、それを受領する当事者とともに、職務上か、基礎自治体議会議員か検察官の依頼により第13条

に予定される裁判所に直接提出する。基礎自治体議会が職の失効を招来できる事実を知ってから2か月以内に処置しなければ、第13条に予定される裁判所がその職務上、職権によるか基礎自治体議会議員か検察官の要請により失効させることができる。当該基礎自治体議会は、別の基礎自治体議会議員からか若しくは検察官からの異議を受理することによって、首長と理事たちの理事会による第13条に予定される裁判所への通告の送付から失効させることができるのを知っていると見なされる。

§1. 新基礎自治体法第10条に従って、関係基礎自治体議会議員に関する任務の失効とその失効の第三者への波及とは区別されなければならない。関係議会議員に関しては彼若しくは彼女がもはや被選挙資格条件を満たさなくなるや否や直ちに法的に失効が適用された。第三者に関しては、失効は常任代表団によるか又は国務院への上告においての最終決定の際に失効宣告が発せられたときから論議されるにすぎない。失効は常に常任代表団によって宣告されなければならない。従って基礎自治体議会はこれを自ら行うことはできない（J.DUJARDIN,W.SOMERS,L.VANSLIMMERENenJ.DEBYSER、『基礎自治体法実用入門書』Brugge、DieKeure、2001年、79頁）。国務院の判例に従って常任代表団による失効宣告は、常任代表団若しくは国務院の確定によって、関係者がもはや被選挙資格要求のどれか一つを満たさなくなった日まで続く。(R.v.St.,Holvoet,nr.15,741、1973年3月6日；R.v.St.,D.A.,nr.35,054、1990年6月6日)。国務院の見解ではこれは行政行為の非遡及性の原則を侵犯していなかったということだった。基礎自治体議会は本命令議案に従って当選証書を自ら検査できるので、基礎自治体議会はまた継続して任務の失効宣告に関する権限を付与されている。基礎自治体議会が失効そのものが起こりうるという事実を知った後2か月間行動しなかった場合に、第13条で言及される行政裁判所がその代わりに行動するだろうという関門が背後に残されている。

§2. 失効宣告は基礎自治体議会か第13条に予定される裁判所による失効の宣告だけが有効である。それは基礎自治体議会のそれ以前の決定の有効性を損なうことはない。

§2. 基礎自治体議会の決定に関連した法的不確実性を回避するために、さらに基礎自治体議会によるか若しくは第13条で言及される行政裁判所による失効の宣告を知った後で、失効宣告の失効の影響について、影響を限定するのは適切である。

§3. 当事者が、全く認識していなかった場合でも、その失効の理由を知っていた

にもかかわらずその職務の行使を続けていたならば、刑法典第262条に規定されている刑罰で処罰される。

§3. 刑法典第262条は以下のように定める：「適法に免職、辞職、休職若しくは失格となり、又それらについて正式に通告された後でもその任務を遂行し続けている公務員は、1年間に8日の拘留罰と26フランから500フランの罰金刑に処せられる。同じ刑罰は、法的にはその任務が終了しているのにその任務を遂行し続けている公選か若しくは臨時雇いの公務員にもそれぞれ科せられるだろう。」

従って重要な違いはこの場合人が自ら失効の原因を知ったら直ぐに処罰されるということである。このために公表は必要ない。

第11条
以下の者たちは基礎自治体議会の一員たりえない：
1° 県知事たち、ブリュッセル首都行政区の知事と副知事及びフラーンデレン・ブラバント県の知事代理、県書記たち、当該の基礎自治体がその区域に属している限り郡委員会委員たちと郡委員会委員補たち；
2° 各種裁判所、行政裁判所及び仲裁院の判事たち、判事補たち及び書記たち；
3° 基礎自治体を所管する警察管区の運営、管理若しくは兵站の領域の要員たち；
4° 無償の消防職員たちと無償の救急職員たちを除く当該基礎自治体か基礎自治体外郭独立諸機関の職員たち；
5° 地区議会の職員たち；
6° ヨーロッパ連合の他の加盟国の地方基礎自治体で基礎自治体議員、理事か首長のそれと同等の職務を行使する職を保有する者たち；
7° 同一の基礎自治体の基礎自治体議会にいる2親等若しくは配偶者の血縁若しくは姻戚。これらの親等の一つか2親等の血縁若しくは姻戚の者たちが同一基礎自治体の基礎自治体議会に選出されるならば、そのときは、優先権はその議席がこれらの候補者たちによって獲得されたその名簿に配分されているその基数を基にその比率の大きさで決定される。禁止されている親等にある血縁若しくは姻戚の二人が選出されれば、一人が議会議員に、もう一人が後任になり、そのときは、兼職不能は全て、血縁者か姻戚の選出の前にその資格がある地位が空席となっている限り、後任に対してだけとなる。空席に対して資格のある後任たちの間では、優先権は何よりもまず欠員の年齢順に従って決められる。
この規定の適用によって夫と一緒に住む合法的同棲者は同等の扱いを受ける。
議会議員間に後になって成立する姻戚関係は、その職の失効をもたらさない。

兼職不能はそれがその者に由来する者の死亡により、離婚により若しくは合法的同棲の終了により終了すると見なされる。

　　利益相反のリストの作成はさらに政治的権利は最大限の方法で保障されなければならないという原則が前提とされた。従って基礎自治体議会議員の任務の記載はできる限り大変少なく限定されるのが望ましいということが前提とされた。

　　この考え方からはもはや利益相反においては理事たちと首長に適用される新基礎自治体法の第72条に従ったような礼拝の司式者は必要とされない。

　　またその管轄領域自体が基礎自治体を越える営林署員の利益相反（新基礎自治体法第71条8º）は妨げられない。

　　同じものは現役軍人の利益相反にも適用される（新基礎自治体法第71条5º）。

　　以前の基礎自治体の書記と収税吏の利益相反（新基礎自治体法第74条）は、今では基礎自治体書記と財務管理者は、「基礎自治体の及び基礎自治体の外郭独立諸機関の職員」の定義が既にこれらの職務を含んでいるので、利益相反のリストにはっきりと記載されていない。司法制度の構成員たちの利益相反に関しては、やはり国務院についての1973年1月12日の調整法第107条、仲裁裁判所についての1989年1月6日の特別法第44条及び裁判所法の第293条及び第300条に記載されている。

　　警察職員たちの利益相反の述語は二層に編成された警察部局組織のための1998年12月7日の法律に適応された（さらに同法第134条、第135条及び第136条の2参照）。フラーンデレン政府は、自らは基礎自治体のそれ以外の他の警察管区の職員たちに制約を課したいとは願っていない。

　　第11条の4ºに記載された利益相反に関しては以下のものが述べられなければならない。フラーンデレン政府の出発点もまたここでは市民たちの警察権の制限を最小限にとどめる。従って基礎自治体議会議員である公共社会福祉センターの職員に禁令を課すつもりはない。そのために現在公共社会福祉センター法に存在する利益相反は将来公共社会福祉センター令からは削除されるだろう。

　　同じ基礎自治体の別の地方機関の職員でもある基礎自治体議会議員に起こりうる人事関与は、基礎自治体議会において提起される問題のために、基礎自治体議会議員が直接それに関係できない点についての討議と票決に参加できないという規定によって忌避されなければならない（草稿第27条§1）。そ

第11条

の場合には基礎自治体議会議員は集会から離れなければならない。

6番目の利益相反は、すでに他の欧州連合構成国において、フラーンデレンの基礎自治体議会の一部をなす基礎自治体議会議員、基礎自治体議会議長、理事若しくは首長のそれと同価値の公職又は議員に就いている者を忌避する。この規定は1999年1月27日の法律によって新基礎自治体法第71条に挿入され、非ベルギー人の外国人に基礎自治体議会選挙での積極的消極的な選挙権の導入を法文化する。指針94/80に従って、構成諸国は、居住地の構成国において利益相反に影響を及ぼしている他の構成諸国において果たされている職務について、居住地の構成国において同時に基礎自治体の有権者の資格を禁止されていることを確定できる。

義勇消防士以外の基礎自治体の又は基礎自治体の外郭独立諸機関の職員の利益相反は新基礎自治体法第71条の6に再掲される。それにもかかわらず除外は義勇救急隊員にも拡大される。

新基礎自治体法第72条は首長及び理事たちと公共社会福祉センターの収納吏との間の利益相反だけを想定する。われわれは、公共社会福祉センターに関する1976年7月8日の組織法の第49条ですでに規制されているので、本議案では基礎自治体議会議員とそこで基礎自治体議会議員の職に就きたいと望んでいる基礎自治体の公共社会福祉センター職員との間の利益相反をする必要があるとは考えていない。

新基礎自治体法第73条に記載される血縁関係に関する利益相反は維持される。人口1,200人乃至それ以上の基礎自治体に対する新基礎自治体法第73条第4項で想定された除外原則は確実に削除される。さらにここでは結婚及び合法的同棲の場合も同様に扱われる。

新基礎自治体法第71条と第72条に記載された利益相反のための国籍必要性に関する国務院の所見並びに国籍必要条件に関する連邦の権限に沿うために、新基礎自治体法第71条と第72条は唯国籍必要性の関連規定に関する限り無効となったと解される。はっきりさせるためにさらに新基礎自治体法第71条第2項及び第72条第2項は本議案の第11条の第2項として記載され、但し基礎自治体議会令では維持されている利益相反に適応させられる。確かに、国務院が適切に所見を述べているように、国籍必要条件に関する連邦の権限は地域圏が利益相反を規制できることを妨げてはいない。

最後に、本条はもちろん他の法律若しくは命令の諸規定に記載されている利益相反を妨害するものではない。

第12条
§1.就任時に第11条に従って基礎自治体議会の一員であることと兼職不能の状態にある選出された基礎自治体議会議員は宣誓を行うことはできないし、従って彼に与えられた職を失うものと見なされる。

　　§1. 就任集会の際に第11条に従って基礎自治体議会の議員資格とは両立不能の状態にある公選の基礎自治体議会議員は宣誓を行うことはできず、彼に付与された任務を放棄したものと見なされる。彼はこれに対して第13条に記載された行政裁判所に控訴できる。

§2.その在職中にその職と兼任せず、且つ基礎自治体議会議長の審判の要請の後15日以内にこの状況を終わらせられない基礎自治体議会議員は、聴聞の後、基礎自治体議会によって失職を宣告される。

基礎自治体議会が失職をもたらすことができる事実を知るようになってから2か月以内に措置しないならば、第13条に予定される裁判所がその職権によるか若しくは基礎自治体議会議員か検察官の要請によって行うことができる。

失職宣告は基礎自治体議会によるか若しくは第13条に予定される裁判所による失職の裁決の通告からだけが有効である。それは基礎自治体議会のそれ以前の決定の有効性を損なうことはない。

　　§2. 被選挙資格条件がもはや充足されていないために、且つ失効宣告の手続が同様な方法で利益相反を規制しているために、失効宣告の手続について国務院の提案が受け入れられた。

　　若しも基礎自治体議会議員が、その任期中に、その任務の一つについて利益相反の状態に陥ったならば、基礎自治体議会が失効宣告に移ることができる少なくとも15日前にこの状態を終わらせるよう命ずる機会が必要となる。このようにさらに基礎自治体議会議員に自ら辞表を提出する機会と同様に選択権を与える。

　　ここではまた用心のために、基礎自治体議会が時宜を得た措置を講じないならば第13条に記載された行政裁判所によって配置される機会が適用される。

　　そのほかには第10条の解説が参考となる。

§3.当事者が、何らの通告を受けていなくても、彼が例え失職の理由を知っていた限り、その職に居続ければ刑法典第262条に規定されている刑罰で処罰される。

第13条
基礎自治体選挙法に予定される行政裁判所は本法の諸規定に従って職の放棄若し

くは失効並びに当選証明書の不承認との関連で生ずる論争について裁決する。

　本規定に従って新たに設置される独立行政裁判所は基礎自治体選挙法の諸規定に従って任務の放棄若しくは失効に関して生じた係争について裁決する。さらに当選証書の調査及び起こりうる不承認に関して起こった係争についても基礎自治体議会によって行政裁判所に提起される。

　従ってこの行政裁判所は基礎自治体の就任集会及び初回の会議に欠席した後の任務放棄の推定；利益相反の場合の任務放棄の推定；明確な任務放棄；被選挙資格諸条件を満たさないための失効宣告；利益相反のための失効宣告に関する係争について権限を有する。

　さらに国務院の提案もまた裁判所による調停の宣告に関して生じた係争について行われる。それに加えて「基礎自治体議会議員及び基礎自治体議会の議長の」任務についてはっきりと定められる。

　常任代表団の権限に代わって新たに県ごとに１個所ずつの行政裁判所の設置が選ばれた。この裁判所の設置、構成及び職務はこのために改正されるはずの基礎自治体選挙法にさらに詳しく定められるだろう。

　本裁判所は、選挙の不測の事故についてばかりでなく、任務の失効宣告、免職等々に関する係争についても審判し、行政裁判所は常設の機関となるであろう。

　同裁判所の権限によって関連各条文に判決を下す代わりに、均一性と明確さのために一般的規定を設けることが選ばれた。さらに新基礎自治体法の関連諸規定においては（例えば新基礎自治体法第10条）｛'wordt'が重複して使用されている｝すでにその手順が部分的ながら頻繁に詳しく述べられている。その手続面（誰が手続を開始できるか、上訴期限、異議申立能力、…）は基礎自治体選挙法において、新行政裁判所の設置、構成及び職務と併せて一層よく取り扱われている。

　確かに原則的に連邦政府が行政裁判所の設置に権限を有していることは事実である。それにもかかわらずフラーンデレン政府は自らその暗黙の権限で常任代表団の独立行政裁判所との交代を支援する。県ごとのこの独立行政裁判所の設置は地方行政に関する固有の権限の行使に必要と考えられる。なぜならそれは政治機関（常任代表団）自身がとりわけ地方選挙の不測の事故等々について宣告する機会は滅多にないと考えられるからである。県行政部が関係資料を整え続けるだろうし、さらに行政裁判所が県ごとに組織されるので、連邦事項への影響はさらに二の次となるだろう。さらに国務院への現行の上

告の機会は判例の均一性を維持するために保障されることが望ましい。
第14条
基礎自治体議会は以下の者たちの障害を書き留める。
1º 医療上の理由で、研究上の理由で若しくは海外在住のために、2週間の短期間基礎自治体議会の会議に出席できず交代されるのを希望する基礎自治体議会議員。彼はそのために基礎自治体議会議長に書面で要請を行う。医療上の理由による欠席の要請には15日以内発行の診断書が付加され、それは同様に医療上の理由のための最低期間確定にも必要である。医療上の理由で欠席している基礎自治体議会議員が議長に要請書を送達できないならば、3回連続会議を欠席し、欠席したままでいる限り、彼は自動的に失職したと見なされる。研究上の理由でか、若しくは海外在住による障害には研究機関か依頼人から証明書が追加されることになる。
2º 基礎自治体議会議員は子供の誕生に対する親の責任を取るか養子縁組を望む。それは基礎自治体議会議員が書面での要請を基礎自治体議会議長宛に行い、推定できる誕生か養子縁組の日の最も早くても7週間前から誕生か養子縁組の後8週間の終わりまでに代行する。書面での要請により、誕生か養子縁組の8週間後にその職の行使の中断は、議会議員が誕生か養子縁組の日より前の7週間の間その職の行使している期間に等しい間、延長されることになる。
3º 連邦若しくはフラーンデレン政府又は欧州委員会の一員である基礎自治体議会議長。
4º 社会福祉協議会の理事長の職を務める基礎自治体議会議長。

　　本条は基礎自治体議会議員にとって障害となるものを規制する。
　　障害の受け方次第で障害を持ったと考えられる基礎自治体議会議員はその資格を永久に失うことはないという結果となる。若しも基礎自治体議会議員は例えばもはや障害を持っていないならば、彼は基礎自治体議会議員としての任務に復帰できるだろう。
　　基礎自治体議会議員は障害となると考えることができる医療上の理由で一定期間欠席する。このような場合には議席が余りにも長く空席のままとならないのが望ましい。一方では、この規定が濫用される全ての場合が回避されなければならない。従ってそれは基礎自治体議会議員が2週間の休暇を取ったとか若しくは風邪のために基礎自治体議会の会合に出席できなかった障害があったことを後に釈明する場合を意図するものではない。それゆえに医療上の理由での欠席は最低12週間が必要とされる。その上さらに医療上の理由のための欠席の最低期間を告知する医師に依頼した最大限15日前までの健

康診断書が添付されなければならない。

これは関係人の要求によっても法律上からも行うことができるし、関係人がその意思を表明する状態にない場合は基礎自治体議会議長に依頼して代わりにしてもらうことができる。

同様な障害の機会は研究上の理由で外国に最低12週間滞在するために欠席している基礎自治体議会議員に提供されるが、但し唯教育機関か若しくは依頼人の証明書の提出は必要。

障害のもう一つの場合は育児休暇を取りたい基礎自治体議会議員に関係する。新基礎自治体法第11条第2項に含まれる規定は、その要望書は基礎自治体議会議長に宛てられなければならないという条件で一体的に更新される。併しながら育児休暇については、基礎自治体議会議員に対して父親が享受できるという条件で母親の休暇も確実に15週間の法定期間が意図される。併しながら本議案はこの育児休暇を全ての経歴中断の形態に拡大する意図は持っていない。

最後にさらに基礎自治体議会議長にとって障害の二つの場合が考えられる。一方では連邦かフラーンデレン政府か欧州委員会の構成員である基礎自治体議会議長、他方では公共社会福祉センター理事長としての職務を果たす基礎自治体議会議長に関わる。障害は彼が障害のある間は議長の職務が遂行できないことを意味する；だが反対に彼はその基礎自治体議会議長の職務は遂行し続ける。

第15条

基礎自治体議会議員は基礎自治体議会書記に辞表を提出できる。辞職は基礎自治体議会がそれを知れば直ちに決定される。

本条は基礎自治体議会議員の自発的な辞職を規制する。この点に関する論争は基礎自治体選挙法の規定に従って第13条に記載された行政裁判所で取り扱われる。

第16条

その職を放棄し、その職の期間切れが宣告され、支障を来していると見なされ、辞職している、若しくは死去した基礎自治体議会議員は、その後任によって取って代わられ、その後任は基礎自治体法に従って指名される。

当選証明書が第7条の§3に従って審査される。宣誓が基礎自治体議会議長の手中で行われる。

支障があると見なされる基礎自治体議会議員は支障状態が続いている限り交代さ

せられる。
基礎自治体議会は支障の期間の終了を書き留める。
　　本条はその職務を放棄し、その職務の失効が明らかになった（もはや被選挙権者の資格条件を満たしていないためか又は在任中に利益相反になった場合）か、辞職により障害と考えられるか、若しくは死亡した基礎自治体議会議員の交代を規制する。
　　基礎自治体議会議員は基礎自治体選挙法の諸規定に従って指定されたその交代要員によって交代させられる。
　　当選証明書の審査と宣誓は、宣誓が基礎自治体議会議長の手中で行われるという条件で第7条に従って行われる。
　　基礎自治体選挙法に従って交代要員はこのためにもちろんその交代の権利を失わない。一時的な交代は交代要員としての地位を害することはない。
　　基礎自治体議会議員の障害による交代の場合には障害のある基礎自治体議会議員は障害の状態が生じている間に限って唯交代させられるにすぎない。基礎自治体議会は障害の期間の期限を書き留めておかなければならない。
　　それに加えてまたこれによってフラーンデレン政府のために情報提供義務を満たすという国務院の意向に応えられる。

第17条

§1. 基礎自治体議会議員たちは基礎自治体の負担で基礎自治体議会の諸会議への出席手当を受け取る。フラーンデレン政府は、それに対して基礎自治体議会が出席手当が認められる諸規程を規制することによって基礎自治体議会議員たちの職責から生ずる会議表を作成する。
§2. 基礎自治体議会はフラーンデレン政府によって確定された限度内で出席手当の額を決める。それには基礎自治体の居住者数を考慮することができる。
基礎自治体議会はフラーンデレン政府によって決められた方法で、受任者たちの請求を条件に、基礎自治体議会の別の法律若しくは規則によって決められた俸給、年金、保証又は特別手当を受領して関係代表たちが被った収入の損失額を補填する。
出席手当の総額は、収入の損失額が補填されるが、住民5万人を有する基礎自治体の理事たちの給料より高くはできない。
§3. フラーンデレン政府は、基礎自治体議会、基礎自治体議会議長及び会派か委員会の委員長がその限度内で弁済が考慮される基礎自治体の職務の行使に関わる特別な費用となるものを決定できる。

基礎自治体議会議員たちの報酬に関しては、基礎自治体令は大まかな表現に留まる。それについてはフラーンデレン政府の実施の決定によって枠組の概略が描かれ、さらに基礎自治体議会により実施が決められる。

　幾つかの大都市と中心都市では党派がその基礎自治体議会議員たちへのパートタイム給与の支払を要求しているけれども、この考えは採られていない。フラーンデレン政府は日当によって報酬の限界を決定するのに常に基礎自治体の人口数を考慮に入れた日当を利用することができるが、それによってその任務を遂行するのにふさわしい多くの業績を挙げなければならない基礎自治体議会議員たちは同時により十分な報酬の支払いを受けなければならない。

　その上それによって参入が偏り、ますます勤務時間中に職業上自由になれる者たち（例えば公職）に集中し、基礎自治体議会は基礎自治体社会の反映はおそくなるために、基礎自治体議会議員の職務が職業化する時宜を得ているようには思われない。この傾向はすでに存在し強まらないという保障はない。

　さらにまた社会保障給付金と給与との合体といったようなどれだけかの実際の難点があり、それによってこの給付金は減らせるか又は完全に失われることさえできる。これは改めて基礎自治体の負担か給与の自発的削減による被った損失の補償を要求するに至るだろう。これはそれほどに実り多い痕跡とは思われない。

　基礎自治体議会の議長の職務は上に述べた理由で日当から除外され、従って給与とは関係がない。基礎自治体議会は必要ならば議長にはフラーンデレン政府によって決められるような範囲内でより高い日当を支払えるようになる。

第18条

§1. 身体障害でその職務を単独で遂行できない基礎自治体議会議員はその職務の遂行のために信頼できる者一人によって手助けされることができるが、この者は、被選挙人資格を満たし、第11条と14条に言及されている状況にはない基礎自治体選挙人たちから選ばれる。

§2. §1の適用のためにフラーンデレン政府は身体障害のある基礎自治体議会議員の資格を決めるための規準を決定する。

§3. 信頼できる者に選ばれた者が手助けをする際に、基礎自治体議会議員として同一の自由にできる資金を受け同一の義務を負うが、併し彼には宣誓を行う義務

はない。彼はさらに基礎自治体議会議員と同じ条件の下で出席手当を受ける資格がある。

  新基礎自治体法の第12条の2に含まれる諸規定の大部分を継承することが決められている。

  現行の条文はさらに予定される人物は被選挙資格の必要条件を満たさなければならず、利益相反か若しくは障害の状態にあってはならないことを定める。

  予定される人物は、交代要員とは逆に、基礎自治体議会議員を唯支援するだけなので、従って交代はしないし、宣誓させる必要はないと思われる。

  新基礎自治体法第12条の2の規定とは逆に予定される人物には日当を付与するのが適切であるように思われる。事実上いずれにせよ新基礎自治体法の下で別の方法で報酬が支給されている。これに関わっているのは比較的少数の例しかない。

  その上予定される人物は彼が支援する基礎自治体議会議員と同じ手段を持っている。これは彼がその支援する基礎自治体議会議員と同じ閲覧権を享受することを意味する。それにもかかわらず明らかに基礎自治体議会議員自身はそれについて投票権が基礎自治体議会で行使される方法について決定するが、予定される人物にはそれがない。

第Ⅱ節・基礎自治体議会の活動

第19条

基礎自治体議会はその権限に属する問題が必要とする毎に、少なくとも年10回は会合する。

  ここでは新基礎自治体法第85条に含まれる表現の存続が決められる。基礎自治体議会議員は基礎自治体の政策に参加する十分な機会を持たなければならず、又彼には満足できる基礎自治体議会が用意されなければならない。

第20条

基礎自治体議会議長は基礎自治体議会の招集を決定し、会議の議事日程を作成する。議事日程は少なくとも首長と理事たちの理事会によって議長に通告される諸論点が含まれている。

議席保有議員の3分の1か若しくは首長と理事たちの理事会の要請で、議長は基礎自治体議会を指定された日、指定された時刻に提案される議事日程を携えて招集する責任がある。

本条は基礎自治体議会の招集を規制する。基礎自治体議会は議長によって招集され、従って首長と理事たちの理事会によってではない。
　表現については県法第44条第4項と第5項及び新基礎自治体法第86条に関係する。
　議席保有議員たちという用語はすでに新基礎自治体法第86条で使用されている。議席保有議員たちとは有効な議席を保有している基礎自治体議会議員たちを表し、例えばまだ交代されていない死亡した基礎自治体議会議員のように使えない人たちは除外する。
　本条第2項は議会招集の義務と基礎自治体議会の整然とした議事日程題目とを規制する。基礎自治体議会の議長は提案された議事日程と一緒に基礎自治体議会を招集する義務がある：
　議席保有議員たちの3分の1の要求で；
　首長と理事たちの理事会の要求で；
　首長の固有の権限に関わる要求に関する限り首長の要求で（第68条）。
　基礎自治体議会の議長の明白な不行跡か若しくは重大な不注意の場合は彼にはフラーンデレン政府により第71条に従って懲罰の制裁を加えることができる。

第21条

緊急事態を除き且つ第7条§1の適用の場合を除き基礎自治体議会議員の招集状は会議の少なくとも8日前に基礎自治体書記によって送達される。
招集状はいずれにせよ決定の提案と併せて、会議の場所、日時、時刻及び議事日程を記載し、議事日程の各項目の解説文書を含む。議事日程の諸項目は明確に記述されていなければならない。議事日程の各項目についてはそれに関係のある関係資料が議事日程の公文書から基礎自治体議会議員たちに役立てられることになろう。
内規が基礎自治体議会議員たちの招集状が送達される方法と、関係ある議事日程の公文書が裁量に任される方法を定める。
基礎自治体書記若しくは彼によって指示された公務員たちは基礎自治体議会議員たちに公文書に記載されている記述に関する技術的情報の提供を依頼する。内規がその情報が提供される方法を定める。
　本条は新基礎自治体法第87条の代わりとなる。
　本命令の第190条に従って参照するよう指示されている期間の計算に関するものについては「基礎自治体の活動」の題名の下で期間の計算に関する一

般的規定が定められている。

　新たな期間の計算方法の狙いは「休日」の概念に伴って起こった争論に決着を付けるためにある。

　新基礎自治体法では招集は原則的に会議当日の少なくとも 7 休日前に行われなければならない。この期間は招集日と会議日は含まない。休日は 0 時から 24 時に及ぶと考えられた。土曜日、日曜日及び祝祭日は休日と同様に平日にも当てはまると考えられた（J.DUJARDIN その他『基礎自治体法実用入門書』Brugge、DieKeure、2004 年、149 頁）。「休日」の概念はこれまでに多くの争論を引き起こしたので、草稿自体では期間の計算方法について明確な規定を置いていた。

　7 休日の代わりに 8 日が採られた。

　第 190 条 §2 に従って 8 日の期間は期間を終了させる出来事、特に基礎自治体議会の会議、から数え戻すように数えなければならない。期間を終了させる出来事のあった日は期間に含まれる。招集状の発送日は期間に含まれない。

　若しも基礎自治体議会の会議が月曜日に行われるならば、従って会議日自体は 8 日の期間に含まれる。招集状の発送日は期間に含まれないので、招集状は計画された基礎自治体議会の会議より前の月曜日以前に発送されなければならない。若しも発送手続規則によって招集状が郵送されなければならないと要求しているならば、既に前の金曜日に発送されていなければならない。

　本規定の第 2 項には、招集状のどのような要素が含まれなければならないかが指示されている。

　第 3 項では、発送手続規則にさらに招集状の様式はもとより議事日程に関する関係資料が入手できる方法が明確に定められなければならない。招集状の様式は従って基礎自治体の自主性に任される。招集状の様式については本命令が確定しないので、基礎自治体もまた技術的発展を追求することがみとめられる。例えば発送手続規則は有効な電子工学的署名の諸条件が満たされるならば招集状を（もまた）電子工学的方法で行うことが決められるだろう。招集状の受領に関する争論をできるだけ回避するために、基礎自治体が練り上げる規定ができる限り包括的なものとするべきなのは明らかである。決定的な代替物が保障されない限り、最善の安全のためにはなお今まで同様に招集状が手紙で送られる。

　最後の第 4 項は一規定で技術情報の提供が定められている。

第22条

基礎自治体議会議員たちは遅くとも会議の5日前に議事日程に項目を追加できる。このために議員たちは解説文書を添えた彼らの決定の提案を基礎自治体書記に送達し、基礎自治体書記はそれらの提案を基礎自治体議会に送達する。こういう事態は首長と理事たちの理事会によっては起こりえない。

基礎自治体書記は追加の議事日程項目を、追加を決めた諸提案と解説文書と一緒に直ちに基礎自治体議会議員たちに基礎自治体議会議長によって決定されるよう通告する。

  期間の計算に関するものについては本命令の第190条に記載される。
  本条は新基礎自治体法第97条第3項に取って代わる。
  首長と理事たちの理事会の理事たちは議事日程にいかなる提案も付け加えることはできない。なぜなら彼らは既に理事会の会議中に議事日程の確定権を行使してしまったと見なされるからである。
  提案は基礎自治体書記に譲り渡される。彼はまた同様に基礎自治体議会議員たちに議事日程の追加項目を伝える。併しながらこれによっては基礎自治体議会議長の基礎自治体議会の議事日程作成権を侵害するつもりはない。
  基礎自治体書記は唯議事日程の題目を集めるための理事会と議会議員たちとの接触点にすぎない；議事日程を確定し、これについての全ての争論例えば議事日程題目の順序、討議の方法を解決するのは議長職に帰属する。
  ここでは国務院の判例と法理に従って議会議員たちの議事日程題目の発案権は制限されないということに注目しなければならない。議会議長は、例え議会の政策決定権について疑念が生じたとしても、議会への提案の機会について判断することなく議事日程の追加要求を尊重し、いつでも規則どおりに提案する義務がある。権限問題の判断は基礎自治体議会に残されていなければならない（J.DUJARDIN,W.SOMERS,L.VANSLIMMERENenJ.DEBYSER,『基礎自治体法実用入門書』Brugge、DieKeure、2001年、154頁）。

第23条

§1. 基礎自治体議会の会議の場所、日時及び議事日程は基礎自治体庁舎で公衆がいつでも知ることができるように会議の遅くとも8日前に公表される。内規は公表の方法に関する規定を定める。

議事日程項目が第22条に従って議事日程に追加されるならば、追加された議事日程は第1項に従って基礎自治体庁舎にその決定後24時間以内に公示されることになる。

§2. 基礎自治体はどの自然人及びどの法人若しくそれを必要とする集団に対しても、基礎自治体議会の議事日程並びにそれに関連のある書類の利用権を与えることによって、2004年3月26日の開かれた政府に関する命令に従って写しを提供するか否かを説明する。

期間の計算のためにはここではやはり本命令の第190条への言及がなされる。

本条は基礎自治体議会の会議の場所、日、時間及び議事日程の公衆への公表を規制し、新基礎自治体法第87条の2に取って代わる。

第2項では2004年3月26日の情報公開に関する命令に従った適切な規定への言及がなされる。

第24条

議長が基礎自治体議会の会議を主宰し、会議を開閉会する。

議長が基礎自治体議会の会議を主宰し、会議を開催し、閉会する。新基礎自治体法に従う場合とは対照的にこれは従ってもう首長によって行われる必要はない。

議事日程説明のために議長は議事日程題目の提案者、即ち理事会、首長若しくは議会議員に言及する。彼は彼自身が議事日程に載せた題目を当然自ら説明する。

第25条

議長は会議の秩序維持に責任を負う。議長は前もって警告を行った後、公然と賛否の合図を発するか若しくは何らかの方法で混乱を引き起こす聴衆は何人でも議事堂から追放することができる。

議長はさらに議事録にその人物に対する報告書を作成し彼を警察裁判所に引き渡し、同裁判所は彼に1から15ユーロの罰金を払うか、その事実がその根拠となる場合には、別の訴追に従って1日から3日の拘留を命ずることができる。

この規定は現行新基礎自治体法第98条を再掲する。本規定に従って基礎自治体議会の議長に会議の秩序の維持に関する権限が帰属する。若しもそういう事態が生じたとしても、これは誰に対してでも王国検事によって別の訴追を決定する可能性は起こらない。

新基礎自治体法第85条から見て唯一の内容に関する違いはここでは議長基礎自治体議会各自が首長に取って代わることである。2001年7月13日の特別法で定められたような警察に関する制限は首長の会議の秩序維持を基礎自治体議会の議長に委任する妨げとはならない。

残りのものについては現行の規定が維持され、やはり新基礎自治体法第85条と同じ方法で解説されなければならない。

従って第1項によって議長は承認か不承認の公然たる合図をしたか又は同様な方法で混乱を引き起こした者は誰でも議場から追い出すことができる。第2項によって議長はその人物に対して会議録を作成し、警察裁判所に移送する権限を自由に行使できる。そのような措置を取るときは、議長は警察による支援が受けられる；併しながら、この最後の措置は議長の命令で行えるのであって議長自身の行動からではない。

併しながらこの規定は基礎自治体議会議員たち自身には適用しない。

第26条

基礎自治体議会は基礎自治体議会議員たちの出席している議席保有者の過半数によって審議し議決できる。

併しながら議会は、若しも再度の招集でも必要な議員数に欠ければ、出席議員数に関係なく議事日程にある諸事項について3度目の招集後に有効な方法で審議や決定を行うことができる。

第21条と第23条で意図されている期間はこの2度目と3度目の招集に対しては2日間に短縮される。これらの招集では本条の諸規程が採用される。

議席保有議員の多数が出席するとは議席保有議員の半数プラス1人が出席しているということを意味する。また投票を棄権した者は出席していると見なされて定足数に算入される。

本条は新基礎自治体法第90条を再掲する。

第27条

§1. 基礎自治体議会議員は以下の審議と投票への参加が禁じられる。

1° 彼が個人か、代表としてかで直接利害を有するか、夫若しくは血縁か姻戚の場合及び4親等が直接利害を有する諸事項について。この禁止は候補者たちの推薦、指名、解任及び停職に関わる場合は2親等それ以上の2親等までの血縁か姻戚には及ばない。この規定の適用によって合法的に同棲する者たちは夫たちと同等に扱われる。

2° 彼が説明を受ける組織か若しくは執行機関に所属する機関の年次決算の確定又は承認について。この規定は唯彼が別の法人の基礎自治体代表として指名される事実に基づくにすぎない上述の状況にある基礎自治体議会議員には適用されない。

§2. 以下は基礎自治体議会議員には禁止される：

1º 争訟において弁護士若しくは公証人として直接又は間接に支払を受けて働くこと；
この禁止はさらに基礎自治体議会議員と協会、団体、協働の範囲内若しくは事務所の同一住所で働く者たちにも適用される；
2º 争訟において弁護士若しくは公証人として直接若しくは間接に基礎自治体の反対党のために、又は基礎自治体内での雇用と関連のある諸決定に関して基礎自治体職員のために働くこと；この禁止はさらに基礎自治体議会議員と協会、団体、協働の範囲内若しくは事務所の同一住所で働く者たちにも適用される；
3º 基礎自治体か基礎自治体外郭独立諸機関のための労働、供給又はサービス、売買の契約に諸決定に従って直接若しくは間接決定するか又は関与すること；
4º 基礎自治体の交渉若しくは協議委員会に労働組合の代表か専門家として行動すること。
§3. 本条もまた第18条で言及された信頼できる者に適用される。

　　本条は基礎自治体議会における利害の衝突を防止する意図がある。それはまた予定される人物にも適用する。

　　衝突を回避するために基礎自治体議会議員は目下のところ彼が直接利害を持っていて個人的に又は代表として関係しているか若しくは妻か個人的に直接利害を持っている4親等血縁か姻戚関係の問題の討議と投票に参加するのが禁止される。この禁止は候補者推薦、任命免職及び停職の場合には血縁と姻戚は2親等以上には拡大されない。

　　この規定は主として新基礎自治体法第92条の1º に根拠が置かれる。直接国務院の判例に従って、基礎自治体議会議員がそれについてその個人的利害を超えていると認められるその基礎自治体政府の利害に優先権を与えると見なされる十分な距離を取ることができると見なされる妥当な確信がない全ての利害が解析される（R.v.St.,GemeenteKluuisbergen,77,723号、1998年12月17日）。

　　国務院は新基礎自治体法第92条の1º の禁止は審議に参加の際には厳格に解釈されねばならないと判断してきた（R.v.St.,Mathiu-BorbouseenGanhy,18,472号、1977年10月6日）。これは特に同棲はこの禁止には含まれないということを意味している。従って本条の作成者は本条が社会の発展に適合し、本条の適用によってはっきりと合法的に同棲する者が妻と同等の扱いを受けることを望む。合法的同棲については民法典の第1475条以下に従った同棲を指す。

その上基礎自治体議会議員はそれについて説明するか若しくは彼がその期間に所属する当局の勘定の確定若しくは承認について討議に参加し、投票することも禁じられる。この禁止については以前の新基礎自治体法第92条の4ºを見よ。
　第1項の禁止規定は基礎自治体の責任としてほかの法人を指示しているという事実に基づいて第1項に述べられている状況にある基礎自治体議会議員には全く適用しない。若しも基礎自治体議会議員が、若しも彼が基礎自治体議会によって非営利組織の理事会の一員であり、若しもこの非営利組織において代表でないならば、彼自身は関係非営利組織の決算が基礎自治体議会によって承認されなければならないときに討議と投票を控えなければならないだろう。これはとりわけ基礎自治体の補助を受けるはずの非営利組織も考えられる。
　さらに公共社会福祉センターに関する事項に関係する社会福祉理事会に在席し、公共社会福祉センターの理事長である基礎自治体議会議員はこれらの規定の適用範囲には含まれない。
　本条の第2項はさらに同様に基礎自治体議会議員に禁じられる以下のことを規定する：
　1º 基礎自治体のための様々な活動と引き替えに直接か若しくは間接に弁護士若しくは公証人として報酬を受ける。この禁止はまた団体、集団、共同作業の一環として又は基礎自治体議会議員と同一の事業所住所で働く人物にも当てはまる。
　2º 基礎自治体の反対派のためか若しくは基礎自治体内の雇用と関係のある決定に関係する基礎自治体議会議員のために直接か若しくは間接に弁護士若しくは公証人として様々な活動をする。この禁止はまた団体、集団、共同作業の一環として又は基礎自治体議会構成員と同一の事業所住所で働く人物にも当てはまる。
　ここでは1º以下と同じ所見が当てはまる。しかしこの「報酬として」という語句はここでは記載されない。基礎自治体の反対派のためについて議論を呼んだのでここでは意識的に省かれている。従って基礎自治体のために無報酬で働くのを排除するつもりはない。併しながら基礎自治体に反対の活動をするなら無報酬か支払に反対することを望む；
　人々は手続に引き込まれるや否や反対派の考えに陥る。併しながら同時に評価の一環として行政職等々が考えられる場合もあり、このような人々が'司

法'手続に巻き込まれず、従ってまた反対派と見なすことはできないが、同様に基礎自治体議会議員が職員のための弁護士として行動するのも認められない。それゆえそれはまた基礎自治体内の雇用と関係のある決定に関係する基礎自治体議会議員のための論争に言及する；

3º 直接か若しくは間接に基礎自治体のためか若しくは基礎自治体の外郭独立機関のための労力、提供又はサービス、販売受入れの取り決めを締結するか又はその契約に参加する。本規定には利害関係者の利権争いと、基礎自治体議会議員がその訴えのために基礎自治体との契約に呼ばれる場合の基礎自治体の利益を避ける狙いがある。

新基礎自治体法第 92 条の 2º は現在基礎自治体議会議員が直接か若しくは間接に基礎自治体のための何らかの世話、課税、提供又は入札への参加が禁じられていることを規定する。

国務院の判例に従って本規定が作成され、もう「何らかの」という用語は例えば基礎自治体のテニスコートやその付属のカフェテリアの経営の許可などその範囲を限定しない（R.v.St.,NV"2000"Plus、1993 年 5 月 17 日、nr.43,000）。現行の規定は既に政府の調達への適用以外にも広く解釈されている。他方、本規定は一時的な適用範囲に関しては狭く解釈される。基礎自治体の共同請負業者が基礎自治体議会議員になる前に契約が締結されている場合には契約が終了しているために本規定は適用されない。併しながら彼が基礎自治体議会議員になるや否や彼はもはやこのような契約の締結をすることができなくなるだろう（もちろん既に前もって終結していたならば彼は離職しなくてすむだろう）。

人が判例上の現行の説明の本規定の一時的な効果を維持したいと望むことをはっきりさせるために（人が既に基礎自治体議会議員であるならば契約の終結にのみ適用する）、命令の本文ははっきりと取決めの「終結」に言及する。

また「間接に」の意味は新基礎自治体法の表現における「間接に」の意味と同様な方法で解釈されなければならない。もちろん人は例えば BVBA〔非公開有限責任会社の一種〕の設立によってこの禁止規定が無視されることを避けたいと願う。

4º 基礎自治体の諮問委員会で労働組合代表か若しくは専門家として行動すること。

この規定は新基礎自治体法第 92 条の 6º の再掲である。

第28条

§1. 基礎自治体の会議は、以下以外は公開である：

1º それがプライバシーに触れる諸事項に関係する。このような論点が問題になるや否や議長は非公開の会議での聴聞を命ず る。

2º 基礎自治体議会は出席議員の3分の2で動議の方法により公序良俗のためか若しくは公開への重大な反対に基づき非公開の会議での審理を決定する。組織図、職員要求計画、職員構成、法的地位規定、長期計画とその調整、予算、予算修正若しくは年次報告はいかなる場合にも公開される。

§2. 非公開の会議は、懲戒事件を除き、唯公開の会議の後でのみ行われる。公開の会議中に非公開会議にすべき審議が続けられなければならないことになった場合には、公開の会議はこのためにだけ中断される。

  基礎自治体議会の会議の公開（例えばまた憲法第162条の4º）は決まりである。本条には僅かな幾らかの限られた例外が含まれている。

  '私生活'の定義付けのためにこの点での実体法と判例法とが結び付けられる。この概念はかなり広く解釈される。そのために公務員の過失についての協議では私生活が懲戒手続の一環として考えられることになる。

  本議案ではさらに新基礎自治体法における累積的な条件の観点から「公序良俗のためにか又は公表への重大な障害を理由に」には相違があるといわれる。

  さらに新基礎自治体法第93条、第94条、第95条に言及することができる。

第29条

議事日程に記載のない論点は、若しもごく僅かな遅滞も危険を惹起しかねないならば緊急の場合を除き、協議されてはならない。

緊急の措置は少なくとも出席議員の3分の2でよってのみ決定できる。これらの議員名と緊急の理由説明は議事録に記録される。

  本条は詳しい説明は必要ない。

第30条

§1. 基礎自治体議会議員たちは全ての関係資料、書類及び基礎自治体行政部に関する公文書の閲読権を有する。基礎自治体議会議員たちは関係資料、書類及び公文書の写しを入手できる。写しに支払われる料金はいかなる場合にも費用金額以上になってはならない。

§2. 基礎自治体議会議員たちは基礎自治体が設置し管理している全ての施設と部

局を視察できる。
　§3. 基礎自治体議会は内規で立入権と複写権のための諸条件、及び基礎自治体の施設と部局への立入権の諸条件を定める。
　§4. 本条は刑法典第458条に従って、基礎自治体議会議員たちの職業上の秘密に対する刑事訴追の可能性を侵犯することを意図していない。
　　　本条は詳しい説明は必要ない。

第31条

基礎自治体議会以外で指名される首長と理事たちは基礎自治体議会の会議に出席する。彼らは基礎自治体議会では諮問にのみ投票権を持っている。

　　　例え首長又は理事たちが基礎自治体議会で選出されていなくても、彼らは基礎自治体議会に出席しなければならない。とりわけ首長は第59条の§2に従って議会外から任命される。理事たちについては第44条§4第2項細目（異なる性の要求）を適用するか又は公共社会福祉センターの理事長が基礎自治体議会議員でない場合にはこれが可能となる。
　　　その場合には彼らは唯顧問の発言権を持っているにすぎない。
　　　それにもかかわらず、会議は、関係人たちが欠席した場合には、開けないだろうという意味ではない。

第32条

基礎自治体議会議員たちは首長に及び首長と理事たちの理事会に口頭か文書で質問をする権利を有する。
　　　本条は詳しい説明は必要ない。

第33条

基礎自治体議会の会議の議事録は第180条と第181条に従って基礎自治体書記の責任で作成される。
緊急の場合を除き、前回の会議の議事録は少なくとも会議の前8日で基礎自治体議会議員たちに利用されることになる。内規が利用される方法を定める。
基礎自治体議会議員は誰もが会議中に前回の会議の議事録の表現に所見を述べる権利を有する。これらの所見が基礎自治体議会によって採択されるならば議事録は調整されることになる。
何らの所見も述べられないならば、議事録は承認されたと見なされて基礎自治体議会議長と基礎自治体書記によって署名される。
　　　会議録の作成に関しては基礎自治体の公文書に関する一般的規定（表題Ⅴ、第Ⅰ章）を見よ。

本条は詳しい説明は必要ない。

第34条
諸決定は投票の絶対多数で行われる。投票の絶対多数については表明された投票の過半数と解され、棄権は算入されない。投票が可否同数の場合は、議案は却下される。

　　本条は新基礎自治体法第99条§1を再掲する。さらに投票の絶対多数とは何を意味するかが概して明確にされる。

第35条
§1. 基礎自治体議会の投票は公開である。
§2. 以下の諸事項については秘密投票がなされる：
1º 基礎自治体議会議員と理事たちの職務の失効宣告；
2º 基礎自治体行政機関及び諮問機関とその他の法人と事実上の団体の構成員たちの任命；
3º 個人の諸事項。

　　§1-§2. 基礎自治体議会における投票は、本条か又は本命令のどこかほかの場所で明確に述べられているのを除いて原則として公開である：
　　1º 基礎自治体議会議員か若しくは理事の任期満了の宣告。
　　以前は常任代表団の手中にあったこの新たな基礎自治体議会の権限の微妙な性質という点から秘密投票が指定される；
　　2º 基礎自治体政府機関構成員たち及び諮問機関における又その他の法人や事実上の会社における基礎自治体代表たちを指名する。
　　この意味の広い記述は基礎自治体議会の委員会や基礎自治体政府に関係のある全ての委員会の両方の構成員たちと同様に基礎自治体間協働機関や基礎自治体がそこに在席できるその他のありとあらゆる法人や事実上の会社における基礎自治体代表たちの任命を網羅する。さらに本命令の起草者たちはこのために秘密投票を保障することを望む。
　　3º 独自の人事問題
　　これとの関連で新基礎自治体法第100条第4項を見よ。そこには候補者の推薦、候補者への任命、予防拘禁、公職のための予防停職及び懲罰が述べられている。併しながらこの列挙は全ての独自の人事問題に拡大され、それによってまた例えば以下の問題も含まれる：臨時の任用、高級職への任命、昇進、等々。
　　さらに当選証書の承認投票（第7条§3及び第16条）は個人に関わるが、

これらの投票は原則として秘密ではない。なぜならばそれは政治的任務の継続についてのものだからである。それには投票を秘密にする理由が全くない。例えば関係者のプライバシーが危険にさらされる虞が生ずる機会が巡ってくるので、必要が生じたならば、議長は必要に応じて秘密の審議を命ずることができるだろう。

その上本命令はまた合同候補者推薦証書が提出されない限り理事たちの個別の選挙の場合及び基礎自治体議会の議長選挙の場合、三分の二多数決で提出される容認可能な推薦証書を欠くための秘密投票を定める（第8条§3及び第45条§3）。それはやはり「個人」への投票である。さらに当選せず合同推薦証書の作成に失敗した場合にはそれについてさらに秘密投票が妥当であると考えられる。

§3. §2にある諸規程の適用により基礎自治体議会議員たちは口頭で投票する。内規が正規の投票と同等であるという規定を採用できる。若しもそうなら機械による記名投票と在席及び起立によるか若しくは挙手による投票が考えられる。内規の諸規程とは無関係に口頭の投票はいつでも出席議員の3分の1がこれを要求すれば行われる。

§3. この段標には詳しい説明がない。

§4. 議長は秘密投票による場合以外は最後に投票する。

§4. さらに新基礎自治体法第100条第5項及び第6項を見よ。

最後に新基礎自治体法第99条§2の条文による投票が予算と年次決算に関わっているので、それゆえ本規定は基礎自治体令の財政の部分に含まれる。

第36条

候補者たちの指名か推薦について初回の投票で必要な多数が確保されないならば、改めて多数を獲得した候補者たちについて投票が行われる。議長はこのために再度指名か推薦が行われなければならないのと同数の名簿を作成する。初回の投票で何人かの候補者が同数の得票をした場合には、最年少の候補者が2回目の投票が認められる。投票は唯名簿に記載されている候補者たちだけについて表明される。指名か推薦は投票の絶対多数によって行われる。同数の場合は最年少の候補者が優先権を有する。

本条は新基礎自治体法第101条を再掲するが、得票が同数の場合は最年少候補者に優先権が与えられるという違いがある。

さらに例え指名が随意に行われたとしてもこの基礎自治体議会の選択は候補者の資格と功罪の比較に基づいて平等に行われなければならない。候補者

が同数の得票を獲得した場合（基礎自治体議会議員たちは資格と功罪は同等と考えられることを意味するという）だけ本条では決選投票と最終選挙の承認によって最年少候補者に優先権が与えられる。最年少候補者への優先権は基礎自治体内で続けられている任務と公職を遂行する若い人々の十分な流れへの懸念によって動機付けられる。

　本条は人がそれぞれの指名を受けたとしても二つの候補者として活動しなければならないことを意味しない。若しも単独の候補者が必要な過半数の得票に達したならば法的に有効な任命となる（本条第1項）。候補者がまだ必要な過半数に達していなければ、二人の候補者の間で投票が行われなければならない。

第37条

基礎自治体はどの自然人及びどの法人若しくはそれを必要とする集団に対しても、2004年3月26日の行政公開に関する命令に従って、基礎自治体議会の決定及びその他の行政文書の閲覧権を認め、それについて説明し、若しくはその写しを手交することによってそれを公開する責任がある。

　本条は新基礎自治体法第102条にそっくり合っている。さらに多様な解釈を避けるために、そのために2004年3月26日の政府は発表に関する命令に従ってここでは適切な規定に言及することを決めた。

第38条

§1. 同一の名簿か又は統一して名簿で選出された基礎自治体議会議員若しくは基礎自治体議会議員たちは一会派を形成する。一会派を形成するための統合は基礎自治体議会の次の全面改選までである。それは基礎自治体選挙法によって用意されることによって、同一名簿での選挙で一会派以上の形成の誘因となりうる。

§2. 内規は同様にフラーンデレン政府によって定められる範囲内でそれについての資金調達と併せて諸会派の構成と活動について細則を確定する。

　本条は新基礎自治体法第120条に採用されている会派の概念の定義を含む。また会派は基礎自治体議会議員一人だけでも成り立つ。その上一つの会派に統合された名簿は原則として基礎自治体議会の全面的改選後の初会合まで維持されるということが明記されている。若しも基礎自治体選挙法がそのように定めているならば、やはり同一名簿（例えば連合名簿の場合）での選挙は一会派以上の結成の誘因となるだろう。この最後の規定は何らの法的効果は持たないけれども、基礎自治体令では既にこの可能性を指摘するのは有益と見なされていた。

基礎自治体議会の内規は会派の構成と活動のための詳細な規定を設けている。同じものは会派の資金にも適用されるが、併しフラーンデレン政府により定められる範囲内でだけである。

第39条

§1. 基礎自治体議会は基礎自治体議会議員たちからなる諸委員会を設置する。諸委員会は職務として基礎自治体議会での討議を準備し、助言し、政策形成に望ましいと考えられる市民にいつでも発言権を与えられる方法について提案を表明する。諸委員会はいつでも専門家や関係当事者に聴聞できる。

§2. 第28条と第35条は諸委員会の会議と投票に適用できる。

§3. 各委員会における議員たちは諸会派によって提示される候補者名簿に基づき基礎自治体議会が構成される諸会派間に平等に配分される。
基礎自治体議会の次の全面改選まで一会派は諸委員会における議員の同数を保持するものと見なされる。一会派が会期期間中に分裂するか若干の議員が独立の議会議員として行動するか別の会派に移行するかしても、そのときは、会派は諸委員会で最初の議員数を維持する。
それが容認されるには推薦証明書に少なくとも候補者・委員会委員がその一員であるその会派議員たちの過半数の一人によって署名されなければならない。
候補者・委員会委員がたった2人の被選挙人からなるだけならば、その一人の署名で足りる。その会派の自由になる議員毎に一人以上は何人も署名できない。
第1項に従った比例代表の適用の結果として一会派がある委員会に在席していないならば、その会派は諮問投票権を持って委員会に在席する議会議員を指名できる。
内規が諸委員会の構成、活動方法及び出席手当について定める。

§4. 首長か理事たちは基礎自治体議会の委員会の委員長にはなれない。その内規が諸委員会の構成と運営の細則を確定する。

　　　本条は主に新基礎自治体法第120条に基礎が置かれる。併しながら本文は基礎自治体議会が住民の発言権の組織化において重要な役割を果たしてきたことを明らかにするのに適用された。それゆえまたそれは基礎自治体議会の諸委員会が基礎自治体議会へのあらゆる提案に関する様相を表明するのに役立つように見える。

　　　委員会の諸会議に対しては基礎自治体議会に関する公表に関して同様な除外が考えられた。

　　　基礎自治体議会はその内規で幾らかの事項、例えば委員会活動の分野、部

局の設置等々を規制できる。本命令作成者は本命令議案においてこれを明白に決めるか又はこのために実施の決定をする必要がないと考えている。

　第3段標は各委員会における議員は基礎自治体議会によって基礎自治体議会がそこから確定され諸会派によって提出される提案に基づき諸会派に配分されなければならない。比例配分制度を適用されるのを決めるのは基礎自治体議会次第である。いずれにせよ本命令は会派への平等の比例代表の適用の結果は委員会では代表されないので、一議会議員が議決権を持たない議員として在席することを指定できる。このような議員もやはり日当を受ける権利を有する。

　この段標はまたそこから諸委員会の構成とは関係なく効果を与える諸会派の運命を扱う。流れに逆らって、若しもある会派が立法部の間で分裂するか又はある議員自身が独立の議会議員としての立場を採るかすれば、その会派は委員会ではもともとの議員数を維持する。

　この規定は名簿に選ばれている（そしてそれゆえ会派に残留している）議員たち（の過半数）がどのような方法で会派のために留保されて記載されるかを決定するのを意味するものと解されなければならない。二つの同数の部分に別れたときはそれに選ばれている名簿に忠実なままの人々がそこに記載される。

　この規定の一般的な言い回しの結果として基礎自治体議会議員たちが不平等に扱われることが可能になる国務院の所見について引き続き述べることができる。

　さしあたりどんな風に分割されたのかそれとも分裂したのかの動機に基づいて区別されるのを判断するのは不可能なので、一般的且つ客観的合意に達するために意識的に選択されることに気づくべきであり、唯誰かがこの動機について判断しなければならないだろう。

　さらに政治的な入れ替えを避け安定を守るという目的は妥当な弁明となることができると思われる。

　その上合意は、また基礎自治体議会議員全員が欲すればとにかく委員会に在席する権利があるので、不均衡ではない。彼らが会派の代表として委員会に在席しているのではないという事実は、少なくとも委員会の会議に対して与えられる基礎自治体議会の日当に関する限り、その出席に対する日当を受け取るのではないという結果にすぎない。

　第4項では首長及びその他の首長と理事たちの理事会の理事たちは基礎自

治体議会委員会の委員長にはなれないということを定める。これは基礎自治体議会の活動において基礎自治体議会の選択権を強め理事会の影響力を弱めるのに適合する。

　　第5項は内規についての詳細な規定を記載する。委員会の会議は、まさに基礎自治体議会自体の会議の場合と同様に、代表の責任に由来する会議の定義に一致する。それらは基礎自治体議会と同様に、第17条の§1｛？・該当する文言なし｝の意味での目録に記載される必要はない。併しながら基礎自治体議会は基礎自治体議会の委員会の会議を自由に決め、又それへの出席手当が支給されて、その場合はその額を決める。

第40条

基礎自治体議会はその会期の初めに議会活動と関わる追加の諸手段がそこに含まれ、そこには少なくとも以下の諸規程がふくまれる一個の内規を確定する：

1º 出席手当が認められる諸会議、基礎自治体議会議員か首長と理事たちの理事会の構成員の職務の遂行に関わる特別な費用の全ての弁済に関わる出席手当の額と追加規定；

2º 基礎自治体書記か彼によって指名される職員たちにそれらの書類についてそれを要請する基礎自治体議会議員たちへの技術的助言を提供するのと併せて、招集状の送達方法と第21条、第22条及び第23条に従った関係資料の利用；

3º 基礎自治体議会の諸会議の場所、日時と議事日程が公示される方法；

4º 基礎自治体議会議員たちのための閲覧権、複写権についての諸条件並びに基礎自治体部局の視察についての諸条件；

5º その下で基礎自治体議会議員たちが口頭か文書での質問を首長に及び首長と理事たちの理事会に行う権利を行使する諸条件；

6º 議事録を作成する方法と前回の会議の議事録が基礎自治体議会議員たちに利用される方法；

7º 公開若しくは秘密投票が行われる方法；

8º 諸委員会と会派の構成と活動についての細則。

基礎自治体議会はいつでも内規を修正できる。

　　基礎自治体議会は内規を採択しなければならない。新たに選出された基礎自治体議会議員たちは自動的に現行の内規に直面させられるのを回避するために、その内規が立法部の開始時に採択されることが想定される。それゆえ内規は立法部の開始時に採択されなければならない。これは議会会期中に内規の改正する可能性には影響しない。

国務院の所見に応じるためにこの規定において一貫して規定そのものを参照するよう指示しているが関連規定にではない。さらに公開か秘密かについて投票が行われる方法に関する第7項は削除される。

第41条
基礎自治体議会は倫理綱領を可決する。
　　その上基礎自治体議会は又義務論的規範を採択しなければならない。

第Ⅲ節・基礎自治体議会の諸権限
第42条
§1. 他の法令の諸規定適用の条件付で、基礎自治体議会は第2条に規定された諸事項に関する完全な権限を有する。
　　§1. 基礎自体議会はそれゆえ最高の基礎自治体機関である。それは明確に首長と理事たちの理事会か若しくは首長に託されていない権限を十分に持っている。
§2. 基礎自治体議会は基礎自治体の政策を定め、それについて一般諸規定を確定できる。
　　§2. 基礎自治体議会は基礎自治体の利益に関する一般的規則制定権を持っている。
§3. 基礎自治体議会は基礎自治体の諸規則を確定する。政策規制を可決する基礎自治体議会の権限に関わる連邦の立法に抵触せずに、その諸規則はとりわけ基礎自治体の政策、基礎自治体の諸々の税金や料金、及び基礎自治体の内部管理に関わることができる。
罰則若しくは行政罰を含むそれぞれの規則の写しは直接第一審裁判所の書記や警察裁判所の書記に送達される。
　　§3. この規定はそれゆえ新基礎自治体法第119条に従って基礎自治体警察条例を確定する基礎自治体議会の権限を損なうことはない。
　　この点に関する連邦の権限を考慮して基礎自治体議会の権限に関連して刑事上の制裁や行政上の制裁については全く規定がない。

第43条
§1. 第2条第2項の意味での権限の基礎自治体議会への明白な負託の場合を除き、基礎自治体議会は首長と理事たちの理事会に規則により規定された諸権限を付託することができる。
§2. 以下の諸権限は首長と理事たちの理事会に付託できない：

1° 第Ⅱ編第Ⅰ章第Ⅰ節で基礎自治体議会に割り当てられた諸権限；
2° 基礎自治体の諸規則とこれらの規定の違反に対する刑罰と行政罰の規定の確定；
3° 長期計画とそれについての調整、予算と予算修正と年次決算の確定；
4° 組織図、職員研修計画、職員構成と法的地位規定の確定；
5° 外郭自治諸機関の創設と諸施設、諸団体及び諸企業への関与か在席；
6° 第235条、第247条及び第271条に言及される管理協定と運営協定の承認；
7° 基礎自治体書記、基礎自治体副書記及び財務管理者の任免と併せてこれらの職員の制裁・懲戒権；
8° 第100条に規定のような内部統制制度の承認；
9° 首長と理事たちの理事会の提案による第159条の意味での日常管理の概念の意味するに違いないものの確定；
10° 諸々の業務、供給及びサービスと考えることのできるものの確定；
11° 諸々の業務、供給及びサービスの受け入れのための方法と認定されるものの確定、並びに確定された予算に指定されている業務が日常管理の割当に関する首長と理事たちの理事会の権限に主格として記載され侵害されることのない場合を除き、それについての諸条件の確定；
12° その業務が日常管理事項に属さない限り且つ確定予算に主格として記載されていない限り動産と不動産に関する利用行為の詳述；
13° 最終的な寄贈の受け入れと遺産の受け入れ；
14° 諸々の諮問委員会と協議機構の設置；
15° 基礎自治体の税金と料金の確定；
16° 公共道路と広場の名称の確定；
17° 苦情処理制度の確定。

　　本条は首長と理事たちの理事会への基礎自治体議会の委任の可能性を定める。
　　第1段標は、協力の一環としての基礎自治体議会への明確な権限配分を除いて、基礎自治体議会が首長と理事たちの理事会に一定の権限を託すことができることが詳述される。これは適切な公表を保障するための規則によって行われなければならない。
　　第2段標では委任できない権限についての限定的な目録が記載されている。
　　目録はとりわけ第Ⅱ編第Ⅰ章第Ⅰ及びⅡ（第43条§2の第1項）基礎自治体議会に配分された権限からなる。これは特に当選証明書の審査、内規と義

務論的規範の策定、失効宣告、委員会委員たちの任命からなる。

　基礎自治体書記、基礎自治体副書記及び財務管理者の任免権限に関して（第7項）、上述の職務がやはり取り決めに記載される可能性があるので懲戒と制裁の両権限が問題になるという所見を述べなければならない。

　第8項では基礎自治体議会に内部統制制度の権限を託すことが承認される。この方法では内部統制制度は基礎自治体における最高政治機関の責任にされる。これは、ラインの管理権を損なうことなく、後でそれらの統制を実施しなければならず、内部統制の手続を監視しなければならず、政治家たちにその責任を負わせる人々の正当性を強化する。内部統制制度の更なる進展は基礎自治体書記によって行うことができる。

　第9項と第10項の両方において「日常業務」の概念への言及がなされる。併し第9項においては概して予算管理の一環としての「日常業務」の概念への言及がなされる。国務院の所見に応じるためにこの条項の「首長と理事たちの提案」の節は削除されて第159条に再掲された。第10項は特に行政任務に関係のある日常業務の概念に関わる。

　さらに第11項は要約からもう少し説明が必要となる。それは日常業務に属さず、確定された予算においてばらばらに切り離され範囲が限定されていない行政任務についてである。言い換えれば、なぜなら第57条§3の第5項と第6項に従って基礎自治体書記への委任の可能性についての理事会に認められた権限に関わるからである。

　従って基礎自治体議会は予算によって行政任務（実際には主な出資）の範囲を明確にし、費用の記載の策定の際に守られなければならない条件を規定する。

　一例として：「教会通りの再構築は、それによって劣化した道路の利用者の交通安全と保護を考慮してやはり必要な環境に優しい設備に注意を払わなければならない」。

　基礎自治体議会は自らこの任務をどれだけ詳細且つ正確に述べるかを決める。

　若しもこの任務が予算によって個別に説明文書に記載されていて予算に指定されているならば、基礎自治体議会は個別に決定することによって配分方法と配分条件を理事会に委任できる。理事会は自ら配分方法と条件を、但し基礎自治体議会によって確定される内容に関する範囲内で定めることができる。この任務が予算に指定されていないならば、基礎自治体議会は少なくと

も日常業務の範囲を超えている任務については配分方法と配分条件を理事会に委任しないと定めることができる。基礎自治体議会には配分方法と配分条件を確定する責任がある。

　この作業方法はそれに加えて行政任務の内容に関する範囲内で基礎自治体議会によって大きさが決められるのに役立つが、それ以上の効果とそれ以前の技術面の様式の決定（例えば舗装の型、建設請負業者が満たさなければならない諸条件等々）について理事会に託すことができる。

　既述したように、この項では基礎自治体議会自体の権限は直接理事会の権限下にあり、基礎自治体書記に委任する可能性のある日常業務に関しては関わらないことを述べる。理事会は、又は基礎自治体書記への委任によって、行政業務法に従って配分方法及び配分諸条件に関して確定し、業務を配分する。

　第13項では1931年7月12日の法律から逸脱しないように意図される。この法律によって暫定的な受領と最終的な受領とが区別される。暫定的な受領は受領者によって行われることができ、その者はそれゆえ基礎自治体令議案に従って財務管理者となるだろう。

　併し寄贈の最終的受領者と遺贈の受領者は基礎自治体議会の委任された権限とは無関係である。

　国務院の所見に従って、これは公道と公共広場の名称の保護に関する1977年1月28日の命令の第1条に規定されているものの確認にはっきりと含まれているので、この要約においては公道と公共広場の名称は削除されていて、従って第43条§1の導入文から既に理事会に権限を託すことができないことが分かっていた。

第Ⅱ章・首長と理事たちの理事会

第Ⅰ節・首長と理事たちの理事会の設置
第44条
§1. 首長と理事たちの理事会は首長、公共社会福祉センター理事長から成り、公共社会福祉センターに関する1976年7月8日の法律の第25条に記載されていて、多くても：
1º 住民1,000人以下の基礎自治体では理事2人；
2º 住民1,000人から4,999人の基礎自治体では理事3人；
3º 住民5,000人から9,999人の基礎自治体では理事4人；
4º 住民10,000人から19,999人の基礎自治体では理事5人；
5º 住民20,000人から29,999人の基礎自治体では理事6人；
6º 住民30,000人から49,999人の基礎自治体では理事7人；
7º 住民50,000人から99,999人の基礎自治体では理事8人；
8º 住民100,000人から199,999人の基礎自治体では理事9人；
9º 住民200,000人かそれ以上の基礎自治体では理事10人。

　　§1. 首長と理事たちの理事会は理事として付け加えられる首長と公共社会福祉センター理事長に次いで、新基礎自治体法第16条に想定されているようにせいぜい現在の理事たちの人数は残されるだろう。

　　最も重要な改革は、広範な自己規制能力と結び付くので、それゆえ理事の人数はもはや全く本命令によって確定されないということである。本議案は唯最大限を規定するだけで、それは現在の理事の人数に等しい。それは望めば地方の有権者に理事の人数の大きさをより少なくすることを示す可能性をもたらす。基礎自治体の住民の数に全面的に依拠して理事の人数を統一的に確定するのはどうしても各基礎自治体における最適の統治に応えることにはならず、その統治のサービス提供と複雑さとは無関係である。フラーンデレン政府はさらにこの点で基礎自治体の有権者たちに応えることを望む。理事の人数の縮減は基礎自治体の統治責任に結び付くのでやはり一層大きな費用効果となる。

　　とにかく現行制度の場合のように、新基礎自治体法に書き留められているように、基礎自治体の首長と理事会の理事たちはそのまま残る。理事たちの後任による交代の制度は基礎自治体議会への理事たちの関心がきっと完全に

弱まるので不利となるだろう：彼らはもはや過半数を確保する必要はないし、その結果常習的欠席者を生むかも知れない。その上首長と理事たちに関して独立の姿勢を取るかそれとも議会の監督的役割を強化するかの厳しい二元性の問題が生じる。若しも首長と理事たちがその任期の途中で後任たちにより交代させられるならば、この後者〔後任〕たちは執行理事会の理事たちの任務に大きな利害関係があるように思われる。

§2. 第5条§3に従って、フラーンデレン政府は基礎自治体毎に選出する理事の最大人数の名簿を作成する。

　　§2. この段標でもまた最大限の人数としての理事たちの人数を指示する。

§3. 公共社会福祉センター理事長は公共社会福祉センターに関する1976年7月8日の法律の第25条に従ってその選出から適法の理事になる。基礎自治体議会の全面改選後も彼らは第45条に従って理事たちの就任が行われるまでは理事としての職に留まる。

　　§3. 第2番目の新基礎自治体法における規制が想定される重要な改革は社会福祉協議会会長が首長と理事たちの理事会に付け加えられることである。彼は正当な理事たちの中から会長として選出される。その時までは理事会は完全に構成されたことにはならない。退職した公共社会福祉センター理事長は唯この選挙が新たな公共社会福祉センター理事長の選挙に先行する限り第45条に従って新たな理事会の選出まで在任する。退職した公共社会福祉センター理事長が新理事会に暫定的にでも受け入れられるのは望ましいこととは思われない。

　　社会福祉協議会は基礎自治体議会の初会合の後7日以内に法定どおり参集するので、理事会が正常な行政業務ができない状態になるといったような不完全な期間は短い。

　　公共社会福祉センター理事長は理事たちの理事会においては、序列は最後尾である。

　　基礎自治体議会議長と公共社会福祉協議会会長の職務は兼職できない。それは防止手続によって定められる。

　　公共社会福祉センター理事長の理事会への出席は少なくともお互いの組織の一層良好な交流を保障する。この関連ではまた協議会も挙げられる。

　　公共社会福祉センターに関する1976年7月8日の組織法を改正した別の命令議案によって、これはそれに比例して理事の人数の縮減を伴う限り、社会福祉協議会が公共社会福祉センターの副理事長を最大限2人に増やせる能力

を望む可能性が記録されるだろう。さらにこの可能性は政治的組織の一層良好な交流と職務負担の配分に通ずることができるだろう。

　本議案は公共社会福祉協議会によって協議会の理事の中から任命される所管の基礎自治体当局による提案によって公共社会福祉センター法の第25条の2に従って周辺基礎自治体及びVoerenの公共社会福祉センターの理事長を公共社会福祉センターの理事長のこの追加を定めてはいない。

　フラーンデレン政府は確かにこの点に関して権限を有するかどうか疑問が生ずるだろう。新基礎自治体法の第15条§2は確かに周辺基礎自治体及びVoerenの理事たちが「この後で以下の方法で基礎自治体議会の有権者たちの会合で「直接選挙[され]る」と定める。従ってフラーンデレン政府は「この後で以下の方法で」基礎自治体当局によって任命された公共社会福祉センター理事長を追加することによってこの直接選挙から外すことはできないように思われる。他方第15条の§2の規定に反して、やはり理事たちは理事たちの理事会に直接公選されてはいないと考えられる。

§4. 新基礎自治体法の第15条§2の適用という条件付で、首長と理事たちの理事会は異った性の者たちから成る。
首長と理事たちの理事会が公共社会福祉センター理事長の選出後に第1項に従って法定上有効に構成されていないことが明らかになれば、第45条§3か第50条§1に従って最後の者が順番に自動的に同じ名簿で選出された最多の記名表を獲得した反対の性の基礎自治体議会議員によって取って代わられることになる。その名簿上に反対の性の基礎自治体議会議員が載っていなければ、同一名簿上で最多の記名表を非選出の基礎自治体議会議員によって取って代われる。

　§4. 憲法第11条の2はとりわけ首長と理事たちの理事会、公共社会福祉協議会、公共社会福祉センターの常勤事務局及び地区理事会において異なった性の人たちの在席を定めるよう命令作成者に義務付ける。併しながらこの義務は理事たちの直接選挙、公共社会福祉協議会議員たち若しくは常勤事務局の職員たちには適用されない。

　基礎自治体令議案の第44条の§4はそれゆえ規則の中で理事たちの理事会において異なった性の人たちの在席を保障するよう定めている。併しこの規制はVoeren及び周辺基礎自治体（Drogenbos、Kraainem、Linkebeek、Sint-Genesius-Rode、Wemmel及びWeezenbeek-Oppem）には適用しない。本議案の第44条の§4では、そこで「新基礎自治体法の第15条§2に従うという条件付で」その規制が適用するということが詳述されている。

公共社会福祉センター理事長を含む理事会の完全な構成の後で初めて理事会はこの規制に従って適法に構成されたかどうかがはっきりするだろう。若しも理事会が適法に構成されたことがはっきりしないならば、第45条§3に従って序列の最後に選任された理事が同じ名簿で選任された最多数の名票を得た別の性の基礎自治体議会議員によって取って代わられる。公共社会福祉センター理事長は基礎自治体議会によって公選されないので、序列の最後に選任された理事は取って代わられなければならない。さらにこの条文の適用によって候補者推薦証書に記載され、基礎自治体議会によって序列の最後に選出された者は後任と見なされる。候補者推薦証書に予定された最終日になって彼は適法な後で基礎自治体議会によって選任された理事たちの序列の最後の者と見なされるだろう。若しも同一の性の候補者名簿に名前が挙がったような後任は全て既に在席している理事たちとして第44条§4第2項に予定される仕組みを演ずるだろう。

　本議案はまたそれについてそれらの理事たちが選任される名簿が別の性の選任をしない場合について規則で定める。その名簿上に別の性の選出された基礎自治体議会議員がいなければ、理事たちは最大多数名票を得た別の性の非選出基礎自治体議会議員によって適法に取って代わられる。

　第44条§2第2項に従って指名された別の性の者はその後これを失職することはなく、第45条§1第3項に従ってか若しくは第50条§1及び§2に言及されるような交代を根拠に別の性の理事たちの第2番目の者になるだろう。

　反対に若しも第50条§1に従った理事たちの交代の結果として、首長と理事たちの理事会が同一の性の者たちからなるようならば、第44条§4第2項で言及された仕組みが発効するだろう。ここではまたそのときは公共社会福祉センター理事長を除く序列の最後の理事として同一名簿で選出され最大多数名票を得た別の性の非選出基礎自治体議会議員によって順番に交代させられる者が後任となるだろう。

　逆に若しも一時的な不在の場合には新たな理事たちは任命されず、理事職は唯後任によって代行されるだけで、その結果第44条§4第2項の仕組みはその時は発効されない。

§5.　§3か§4に従って基礎自治体議会外から任命される理事には全ての場合に首長と理事たちの理事会で選挙権がある。彼は基礎自治体議会では諮問権を有する。

　§5. さらに基礎自治体議会の外部から任命されている理事たちはもちろん

首長と理事たちの理事会において投票する資格を有する。第31条に規定されているように、それにもかかわらず彼らは基礎自治体議会において諮問投票を有しているにすぎない。それゆえ公共社会福祉センター理事長は元々必ずしも基礎自治体議会議員ではない。その上若しも理事たちの理事会が同一の性の者たちだけからなり、且つ若しも基礎自治体議会によって選出された序列の最後の理事たちの名簿が別の性の選出された基礎自治体議会議員たちを有していないならば、適法に付け加えられる理事たちもいる。

第45条

§1. 第44条§3と§4、第2項に従って指名された理事たちを除いて、候補者・理事の合同推薦証書に基づき基礎自治体議会によって基礎自治体議会議員に指名される理事たちは、選挙に参加する名簿に選ばれた者の過半数により署名される。容認されるには合同推薦証書で指名された候補者と同じ名簿で選出される者たちの過半数によって署名される候補者・理事たちの各自によって署名されなければならない。候補者・理事が記載されている名簿がたった二人だけ選出する場合には、その一人の署名で足りる。推薦証書への署名は一人しかできない。
合同推薦証書は若しも指名が異なる性に関わる場合には唯一人だけに認められる。合同推薦証書はさらに、残任期間を引き継ぐ者の氏名と同様に、候補者・理事の職の終期も触れることができる。
証書は基礎自治体議会の初会議の遅くとも8日前までに基礎自治体書記に手渡される。基礎自治体書記はその証書の写しを首長に送達する。

　　§1.〔原文には「§1」が抜けているので補った〕また理事たちの選挙は変更された。フラーンデレン政府による候補者たちの選挙方法の模範例に倣って（第60条§1、機構改革法）これは理事候補者たちの合同指名によって行われるかも知れない。

　　理事たちは公共社会福祉協議会会長を除き三分の二多数決により定められる当選証書に基づき選ばれる。この当選証書は異なる性の者たちが指名された場合だけ正規のものとなる。

　　基礎自治体の当選証書は指名された候補者が選出されたのと同一の名簿上にある者たちの多数により署名されなければならない。この資格要件は基礎自治体の代表たちが日和見的な理由に打ち勝つことを意図して新基礎自治体法の第15条§1第2項に既に見出されていた。それは有権者たちが最初の名簿仲間から余りにも容易に別の名簿に結び付くことによって、理事職を交代することを防ぐ意図がある。現行の規定は理事たちが若しも同一名簿で選出

された基礎自治体議会議員の少なくとも半数プラス一人に信任されない者ならばそのために選出されることはできないことを意図する。

その上当選証書は又選挙に参加した名簿上の有権者たちの半数以上によって署名されなければならない。

基礎自治体議会の有権者は誰でも当選証書の一つにだけ署名できる。人は署名した候補者名簿に指名がないのに署名していたときは新たに候補者名簿の一つに署名できることを自ら申し出る。若しも（候補者の）理事の一人が代表の、放棄若しくは失効、辞職、若しくは死亡などによって予測不可能ならば、常に新たな指名が行われなければならない。候補者名簿の署名時に基礎自治体議会議員たちの就任がまだ行われていないならば、本命令の本文が基礎自治体議会議員の代わりに基礎自治体議会の有権者を決定する。併しながら基礎自治体議会議長は、基礎自治体議会議員たちが宣誓を行った後で、候補者名簿の記録が容認できるかどうか（特に異なった性の者たちが指名される要件に関して）と前述の三分の二多数決が満たされているかどうかを確かめなければならない。宣誓を行った基礎自治体議会議員の署名だけが、候補者名簿に署名しその後で基礎自治体議会議員として宣誓を行った後任の署名を含めてここでは考慮に入れることができる。それゆえ候補者名簿は議会の選出した者の多数に加えて予測される後任たちの署名を含めることができる。

就任集会では宣誓が行われた後で有効な基礎自治体議会議員の過半数による証書かどうかが調べられるだろう。ぎりぎりの多数でしかない場合には、従って議会によって選出された者たちだけでなく後任たちも署名するのが望ましいだろう。なぜなら議会によって選出された一定の者は権利放棄、死亡、兼職不能のために基礎自治体議会議員として宣誓しない（できない）だろう。

候補者推薦証書はまた代表職の残任期間後任となる予定の者たちの名前と併せて理事候補者職務の終期を記述できる。予定された代表職の終期時に退任と後任が自動的に行われる。それらは直ちに起こる。若しも何らかの理由で代表の終結が急がれるならば（例えば死亡）、後任が代表の引き継ぎを急がれるだろう。若しも上述の後任がもはや予定された終期又は彼が就任を急がれるときに資格がないならば、第 50 条に従って通例の交代の規則が適用される。

§2. 基礎自治体議会議員たちが宣誓を行った後で、基礎自治体書記は基礎自治体議会議長に候補者・理事たちの合同推薦証書を手渡す。

基礎自治体議会議長は合同推薦証書が§1に述べられた諸条件に合致しているか

どうかを点検する。宣誓を行った基礎自治体議会議員たちの署名だけが、ここでは考慮され、それには推薦証書に署名し、その後で基礎自治体議会議員として宣誓した後任たちも含まれる。適切な場合には指名された候補者・理事たちは選出されて理事たちの人数が基礎自治体議会の次の全面改選まで確定される。

　§2. 若しも証書が容認できるならば提示された理事候補者たちは正式に選出されるだろう。それは単なる記録事項にすぎない。従って就任集会ではもはや選挙は行われない。これは候補者名簿が、基礎自治体議会議員たちの過半数によって有効に署名されている場合だけ、とにかく容認されうると見なされるために、必要ないと考えられる。

　さらに候補者名簿の合同証書は基礎自治体が指名したい理事の人数を表示する。合同候補者名簿証書にはまた立法部のために理事の人数の最大限が確定される。従って、若しもそれよりも少ない人数が指定されているならば、立法部のために必要な追加の理事を指名することはできない。合同候補者推薦証書は基礎自治体議会議員の過半数によって署名されなければならないので、指名される理事の人数についての基礎自治体議会の個別の決定は要求されない。

§3. 候補者・理事たちの容認できる合同推薦証書が初会議の議長に手渡されない場合には、基礎自治体議会は初会議で指名される理事たちの人数について独自の選挙が14日以内に基礎自治体議会議員たちによって執行される。基礎自治体議会議員たちはこのために候補者・理事たちを推薦できる。

推薦証書はさらに、候補者・理事の職の最終日を、彼の残任期間後任となる者の氏名と併せて、記述できる。

理事議員によって基礎自治体議会の次の初会議の遅くとも3日前までにその日付以内の推薦証書が基礎自治体書記に送達される。

容認されるためには、推薦証書は少なくとも指名される候補者と同じ名簿で選出された者たちの過半数によって署名されなければならない。候補者・理事§1に違反していなければ基礎自治体議会の各議員は理事職ごとに一つの推薦証書だけに署名できる。書面での候補推薦がその団体で十分にまとまっていないならば、候補者たちはその会議で、口頭で推薦されることができる。

選挙は彼らが理事として選ばれる同数の特別投票によって秘密投票で行われる。投票の絶対多数を獲得した候補者が理事に選出される。投票の絶対多数を獲得した候補者が一人もおらず、且つ何人かの候補者が空席の理事職に指名されているならば、2回目の投票が行われる。その際は1回目の投票で最多数を獲得した2

人に対して投票される。1 回目の投票で同数の場合には基礎自治体議会選挙で最多数を獲得した候補者に資格がある。2 回目の投票で投票の最多数を獲得した候補者が理事に選出される。同数の場合には基礎自治体議会選挙で最多数を獲得した候補者が理事に選出される。

記名投票が決められ候補者が同数の記名票を獲得した場合には、基礎自治体議会選挙でその名簿が最多数票を獲得した中から指名された候補者が選出される。

　　§3. 理事候補者の候補者推薦証書は就任集会の議長に手渡されないか又は手渡された記録が法的に認められず明らかに 3 分の 2 多数決を満たしていないならば、基礎自治体議会は就任集会で指名を望む何人かの理事たち一人一人についての個別の決定を下さなければならない。その場合には基礎自治体議会は確実に 14 日以内に個別の理事選挙を進めなければならない。

　§1 及び §2 に記載された選出方法とは異なって、そのときは純然たる覚書に代って候補者推薦名簿を基に単純多数決と基礎自治体議会自身の選挙が行われる。

　同様に基礎自治体議会の選挙によってのみ記録は基礎自治体議会の多数によって採択されたかどうかがはっきりするだろう。この選挙は秘密投票によって行われる。

　本命令はさらにまた投票の絶対多数を獲得する候補者がいなかったならばどの候補者が選出されるかを決める。

　ここではまたさらに候補者推薦証書に理事候補者の任期終了日を、残任期間を引き継ぐ彼若しくは彼女の後任となる者の名前と併せて記載することが可能である。ここではまた辞職や後継は自動的に行われる。若しも指名された後継者が予定された終了日にもはや資格がないか若しくはその辞職が早まったときは、第 50 条に従って交代の通常の諸規則がもう一度適用されるだろう。

§4. 理事たちの順位は合同推薦証書の序列によって決められる。理事の特別選挙の場合には理事たちの序列は得票の順序によって決められる。第 44 条の §3 に従った法定理事は序列では最後となる。

　　§4. 本段標は理事たちの序列を決める。国務院の所見に応えるためにこの規定が練り上げられた。原則として理事たちの序列は、合同記録の序列によってか若しくは個別の選挙の場合には得票順によって決められる。予定された任務の終了日のために又は理事会における異なる性の人たちを欠くために（第 44 条 §4 第 2 項）正式に別の理事の後任となる理事たち（§1 第 3 項若しくは §3 第 2 項）はその任命の順番のために序列を取得する。これの唯一の例外は

公共社会福祉センター理事長である。これは常に最低を占める。公共社会福祉センター理事長が公共社会福祉センターを主宰すると同時に通例は序列が最高位の理事として首長職を引き受けることができるのは望ましいことではない。従って理事を引き継ぐ場合はこれらの理事たちは常に最後から2番目までの序列となるだろうし、一方公共社会福祉センター理事長は最低の序列を占めるままとなるだろう。

第46条

§1. その職を受諾する前に理事たちは基礎自治体議会の公開の会議で以下の宣誓を首長の手中で行う：「私は私の職務の責任を果たすことを誓う。」
フラーンデレン政府は宣誓から20日以内に通告される。
§2. 2度続けての招集後に宣誓を行わない理事は理事職を受諾しないものと見なされる。

　　第1段標の第2項は所管の行政部に全ての理事会の継続的な最新情報を与え続ける機会を広める。これまでは基礎自治体内では基礎自治体立法部のために系統的に進んで交換を基礎自治体のためにはほとんど行わなかった。

　　その他については本条はこれ以上の説明は必要ない。

第47条

第45条§1第2項、第45条§3第2項、第49条及び第50条の適用を除き、理事たちは6年任期で選出される。第44条§3の適用という条件付で、退任した理事たちは基礎自治体議会の全面改選後もその後任の就任が行われるまではその職に留まる。
第11条に言及されている者たちは同様に首長と理事たちの理事会の一員にも、又特定の基礎自治体における首長と理事たちの理事会で個別にもなれない。第12条§2、第13条及び第30条は首長と理事たちの理事会の構成員たちに類推適用される。

　　理事たちが6年間の任期という原則はそのままである。この例外は候補者推薦証書中の任務の終了日の記載、自発的退任及び理事の交代である。

　　さらに利益相反、失効宣告、紛争解決及び調査権は基礎自治体議会議員たちに適用されるのと同様に首長と理事たちの理事会にも等しく適用される。

第48条

基礎自治体議会は以下の人々の支障を記録する：
1º 連邦若しくはフラーンデレン政府又は欧州委員会構成員である理事；
2º ブリュッセルの諸制度に関する1989年1月12日の特別法の第83条の4§2に

よって設置される県議会の常任代表団の構成員に、若しくはその理事会の構成員に選出されるか任命される理事；

3º 要望される限り、連邦、フラーンデレン政府又は欧州委員会構成員の職務を行使する理事。適当な場合には連邦、フラーンデレン政府又は欧州委員会構成員の職務を行使する限り禁止が適用される；

4º 医療上の理由で、研究上の理由で若しくは海外在住のために、最小限12週間交代されるのを希望する理事。彼はそのために基礎自治体議会議長に書面での要請を行う。医療上の理由による欠席の要請には15日以内発行の診断書が付加され、それは同様に医療上の理由のための最短期間確定にも必要である。医療上の理由で欠席している理事が議長に要請書を送達できないならば、3回連続会議を欠席し、欠席したままでいる限り、彼は自動的に支障ありと見なされる。研究上の理由でか若しくは海外在住による支障には研究機関か依頼人から証明書が添付されることになる。

5º 子供の誕生に対する親の責任を取るか養子縁組を望む理事。これらの理事たちは基礎自治体議会議長の要請で、推定できる誕生か養子縁組の日の最も早くても7週間前から誕生か養子縁組の後8週間の終わりまでに取って代わられる。書面での要請に基づき誕生か養子縁組の8週間後にその職の行使の中断は理事が誕生か養子縁組の日より前の7週間の間その職を行使している期間に等しい間、延長されることになる。

　　　本条は理事たちのための予防策を規制する。

　　　予防策の技法は予防されると思われる理事が理事としての資格を永久に失わない効果がある。若しも例えば理事がもはやフラーンデレン政府の一員を構成しないならば、彼はもう一度理事としての職務に就くことができる。

　　　予防策の第2の場合との関連で言及しなければならないのは、常任代表団が本命令においては独立の行政裁判所によって取って代わられるという事実から、例えば環境及び建築許可といったようなその外の管轄における常任代表団の権限には触れないという事実を考慮して、理事たち若しくは首長が常任代表団の構成員ではありえないことが要求されるということを排除しないということである。予防策の技法は執行代表団の累積された禁止令から類推して選ばれる。

　　　予防策の第3の場合は自発的な予防策の形態と関連がある。この予防策の場合は理事（若しくは首長）自身の明白な要求でのみ適用される。人は一度自発的予防策を選んだならば、理事会の構成を変えるのを避けるために議会

の任期の終了まで予防されたままとなる。予防期間中は予防される理事は基礎自治体議会議員の任務を遂行し続ける。

その他については第14条の解説を見よ。

第49条
理事は基礎自治体書記に書面で辞表を提出できる。辞職は基礎自治体議会がこれを知ったら直ちに決定される。

理事は、第44条の適用の場合を除き、理事として交代されるまでその職務を行使する。

本条は理事たちの自発的退任を規制する。

この規定は発展的に解説されなければならない。退任はまた有効な署名がなされているという条件で電子工学の手法で提出できる。

原則として理事たちは理事として交代させられるまでその任務を遂行し続ける。併しながらこれは理事に追加される公共社会福祉センター理事長には適用されない。但し公共社会福祉センター理事長がこの後で選出され任命されるならば、例外として新たな理事たちの理事会のために職務を果たすような理事としてその任務に留まるだろう。詰まるところ退任した公共社会福祉センター理事長には新たな理事たちの理事会の一員を構成する機会は考えられない（また第44条の§3の解説を見よ）。

第50条
§1. 理事がその理事職を受け入れず、その失効が明らかになった場合には、又支障があると見なされて免職か停職となり、辞職したか死去した場合には、新理事の指名は理事職が空席となってから2か月以内に行われる。この理事は候補者・理事の合同推薦証書に基づき選出され、基礎自治体議会議員たちの過半数によって署名される。容認されるには候補者・理事たちに対するこの合同推薦証書も同様に指名された候補者と同一の名簿上で選出された者たちの過半数によって署名されなければならない。候補者・理事が記載されている名簿がたった二人だけ選出する場合には、その一人の署名で足りる。基礎自治体議会議長は推薦証書が容認できるかどうかを点検する。そうした事態が生じた場合は指名された候補者・理事は基礎自治体議会の次の会議で選出されたと宣告される。

第1項に従って理事職の空席後現在までの2か月間誰も新たな理事に指名されない場合には、第45条§3に従って理事の選挙が基礎自治体議会の次の会議で行われる。

新たな指名まではその職が§2に従って代理を務める。

§2. 理事が別の理由で一時的に不在となった場合は最年長の基礎自治体議会議員による代行ができる。年齢が同じ年長者の場合には最近の基礎自治体議会の全面的改選で最高数を獲得した基礎自治体議会議員が優先的に選ばれる。最年長の基礎自治体議会議員がこの場合に理事職を代行できない場合には、議長職は年功序列によって別のもう一人の基礎自治体議会議員によって代理が務められる。年齢が同じ年長者の場合には、理事職は選挙で記名投票の最多数を獲得した基礎自治体議会議員によって代理が務められる。

§3. 支障があると見なされるか停職となるか一時的に不在となる理事は唯支障があると見なされるか停職となるか一時的に不在となる限り取って代わられる。基礎自治体議会は支障があるか停職の期間の終了について記載する。

　　本条は理事たちの一時的並びに最終的交代を規制する。

　　第1段標では理事が最終的か又は少なくとも相当な期間姿を消している場合の交代が規制される。或る理事が理事の任務に応じないならば、支障があると見なされるので、その任務について罷免若しくは職務一時停止、退職又は死亡が宣告され、新たな理事の指名が理事職の公表後2か月以内に進められる。ここではまた第一に基礎自治体議会の3分の2多数決と署名による候補者推薦証書の方法による任命の制度が定められている。第2の手段だけが唯一の候補者推薦証書と基礎自治体議会の有効な選挙に基づいて選挙が進められるだろう。

　　新たな選挙までは理事職は第2段標に記載された一時的な交代の体制に従って認められる。

　　第2段標は理事たちの一時的な交代を規制する。それは理事たちがその他の理由で第1項に言及されたこれらが一時的に欠けている場合である。その場合に彼若しくは彼女が年功序列で最年長の基礎自治体議会議員によって交代される。最年長の基礎自治体議会議員による交代は既に新基礎自治体法第17条に定められていた。併しながら本基礎自治体令議案ではそれは単に一つの可能性にすぎず一つの義務ではないということがはっきりと述べられている。さらに追加規定では同数の年長者の場合の同数の記名投票が定められている。

　　支障があると見なされ、職務一時停止されるか一時不在とされる理事は、支障があるか、職務一時停止されるか、又は一時不在とされるや否や全て交代させられる。基礎自治体議会もまた支障若しくは職務一時停止の期間の終了を記録しなければならない。

第Ⅱ節・首長と理事たちの理事会の活動
第51条
首長と理事たちの理事会はその決めた日時に案件の処理が必要とするたびに定期的に会合する。首長は緊急の場合にその決めた日時に臨時会を招集する。
首長と理事たちの理事会は理事の過半数が出席していれば協議できる。
第27条は首長と理事たちの理事会構成員たちに等しく適用される。
新基礎自治体法第104条第3項に従い、首長と理事たちの理事会は公開されない。
新基礎自治体法第104条第3項に従って決定は全て審議の議事録と目録に記載され、且つ決定は全て法的影響力を持てる。議事録は次の首長と理事たちの理事会の会議で承認される。承認された議事録は直ちに基礎自治体議会議員たちに送達される。

　　その上首長と理事たちの理事会については基礎自治体議会についてと同様の定足数が適用される。新基礎自治体法に従って首長と理事たちの理事会の会議は公開されない。さらに決定だけが会議録に記録される。またこの関連では第Ⅴ編の基礎自治体の公文書に関する一般的規定を見よ。

　　理事会の会議録は基礎自治体議会に移譲される。これはここではもちろん理事会によって承認された会議録である。このような方法で基礎自治体議会議員たちの統制権が強化される。

　　国務院の助言に従ってこのために新基礎自治体法におけるいわゆる講和条約法によって導入された条文に関連のある新基礎自治体法第104条第3項を参照するよう指示される。この規定は以前基礎自治体法にはなかった。国会の和解法の準備から多分この規定によって唯優位に立つ司法権の強化を意図したことははっきりしている。この規定が全ての基礎自治体に適用されてからは、それらは厳密には和解法には従わなくなった。或別の国会議員はこの規定がさらに基礎自治体の和解をさらに促進することに注目している…（報告 CollignonenArts,PadSt.Kammer,BZ1988年、371-2号）。人は特別の立法者が平和法の規定によりやはりこの規定を意図していることに反論できるだろうが、特別法の文面に従ってフラーンデレン地域圏は実際に権限を持っていない。

第52条
首長は首長と理事たちの理事会を主宰する。

　　本条は新基礎自治体法第103条を再掲する。国務院の照会に答えて理事会の理事長は、全く基礎自治体議会の議長同様に（第24条参照）、会議を主宰

するばかりでなく、会議の開閉会も行う。
第53条
首長と理事たちの理事会は友好的に決定を行う。
　　　首長と理事たちの理事会は同僚を決める。
　　　同僚の決め方（R.v.St.Caprasse、26,902号、1986年9月17日参照）は首長と理事たちの理事会が共同の方法でその全ての権限を行使できる協議集会であることを意味する。それゆえ理事会から個々の理事たちへの委任はできない。理事会が権限をそれによってその理事に配分する決定は、いかなる権限についても認められず、理事会が単にそれについて同僚を決定せねばならない事項の準備を心に留めるための作業の割付けを意味するにすぎない。
　　　また公共社会福祉センター理事長は理事として理事会内で彼自身の権限を有していない。他方反対に公共社会福祉センター理事長は公共社会福祉センター法に従って固有の権限を有している。

第54条
§1. 諸決定は投票の絶対多数で行われる。投票の絶対多数は投じられた票の半数以上と解され、棄権は含まれない。
§2. 可否同数の場合は、理事会はその案件を次の会議まで延期する。併しながら理事会の過半数が審理の前にそれについて緊急と申し立てていたら議長の投票によって決定される。引き続き2度会議で同一案件について可否同数だったならば同じことが適用される。
　　　国務院の所見に応ずるために基礎自治体議会における投票同様の首長と理事たちの理事会における投票方法に関連して本条の§3の規定を利用するのは有用と思われる。

第55条
首長と理事たちの理事会は会期の初めにその活動についての細則を確定する内規を可決できる。
　　　本条は詳しい説明は必要ない。

第56条
首長と理事たちの理事会は倫理綱領を可決し、少なくとも基礎自治体議会によって採択されるような倫理綱領を含む。
　　　理事会も義務論的規範の採択を義務付けられる。

第Ⅲ節・首長と理事たちの理事会の諸権限
第57条
§1. 首長と理事たちの理事会は基礎自治体議会の審議と決定を準備する。理事会は基礎自治体議会の決定を実行する。
　　§1. 首長と理事たちの理事会は概して政策の準備と政策の執行を所管している。
§2. 首長と理事たちの理事会は第43条の§1に従って、若しくはその他の法令の諸規定に従ってそれについて付託された諸権限を行使する。
　　§2. 理事会は基礎自治体議会によってそこから委任されるか又は法令の規定に従って付託される権限を行使する。
§3. 首長と理事たちの理事会は以下について権限を有する：
1º 基礎自治体議会によって確定された一般諸規則の中で基礎自治体諸施設や所有物の管理行為；
2º 第43条§1、27ºに従って基礎自治体議会の権限に抵触しない職員の任免、並びに職員に関する規律；
3º 基礎自治体議会の権限に抵触しない財務管理；
4º 行政業務の裁定手続、裁定及び執行；
5º 日常管理業務に関わる場合の裁定方法と行政業務の諸条件の確定；
6º 確定予算の中に指定業務として記載されているが、基礎自治体議会が自ら裁定方法と行政業務の諸条件を確定していない裁定方法と行政業務の諸条件の確定；
7º 確定予算の中に指定されている限度での借款の締結；
8º 確定予算の中に指定業務が記載されている限度での動産と不動産に関する処分行為の詳述；
9º 第193条に従って裁判所での基礎自治体代表；
10º 新基礎自治体法第125条、第126条、第127条、第130条及び第132条に従って戸籍と展示の警備；
11º 新基礎自治体法第119条の2に従って行政罰を科すこと。
　　§3. その上首長と理事たちの理事会は若干の特別に認められる以下の権限を有する。
　　1º 基礎自治体議会によって確定される一般的諸規則の範囲内での基礎自治体の施設や所有物の管理行為；
　　従ってそれは利用行為ではない。
　　2º 第43条§2の7ºに従って基礎自治体議会の権限を害することのない職

員の懲罰はもとより任免；

3º 基礎自治体議会の権限を害することのない財務管理；

4º 公務の配分手続、配分及び実行の実施；

5º 日常業務を進める場合の公務の配分方法と諸条件の確定；

6º 確定される予算には指定される任務が記載されていて基礎自治体議会が自ら公務の配分方法と諸条件を確定していない場合の公務の配分方法と諸条件；

'指定'の概念は既に予算に詳しく明確にされていることを意味する。

7º 確定される予算に記載される限り公債に関係がある。

8º 確定される予算には指定される業務が記載される限り動産と不動産に関して処分の行為を詳述する；

予算に「家屋又は土地の購入」と記載されるだけでは不十分である。これは例えば目的の表示：「亡命者用住宅10戸購入」と詳しく記載されなければならない。

9º 第193条に従って裁判での基礎自治体の代表；

10º 新基礎自治体法第125条、第126条、第127条、第130条及び第132条に従って戸籍や景観取締；フラーンデレン地域圏に損害を与えることなしに機構改革法に従って執行できる新基礎自治体法の関連規定。

11º 新基礎自治体法第119条の2に従った行政罰の賦課。

これも亦連邦の権限である。

§4. 首長と理事たちの理事会は自治体公文書と権利証書の保管に責任を有する。

　§4. 新基礎自治体法第132条に従って理事会は古文書類、権利証書及び戸籍簿を保管する；基礎自治体の憲章その他の古文書はもとより、保管所から取り出されたその2倍もの非売品の文書の在庫品からそれを決める。連邦立法府は唯本条文については戸籍を所管しているにすぎない。古文書類（戸籍簿を除く）と権利証書の保管の規制はフラーンデレン地域圏に帰する。従って本段標に記載されているのは首長と理事たちの理事会が責任を持って基礎自治体の古文書類、権利証書の世話をするということである。

§5. 本条は第Ⅲ章第Ⅱ節に従って首長に認められた諸権限に抵触することはない。

　§5. 本条は首長に与えられた権限に損害を与えることはない。

第58条

第2条第2項の意味での首長と理事たちの理事会への明確な権限配分がなければ、首長と理事たちの理事会は基礎自治体書記に定められた諸権限の行使を付託でき

る。併しながら第57条§1第1項の意味で言及されている諸権限と§3の6º、7º、8º、9º、10º、11ºは基礎自治体書記に付託できない。同様に首長と理事たちの理事会の第155条、第157条、第159条§1第1項と第2項及び§3、第160条§4、第161条、第163条§2及び第168条に言及される財務管理に関する諸権限にも当てはまる。

基礎自治体書記は独自に第1項に従って付託される諸権限を行使する。首長と理事たちの理事会は特定の諸権限の委任によって基礎自治体書記がこの委任された権限を他の基礎自治体職員構成員たちに付託できることを定めることができる。

　　本条は理事会の権限を基礎自治体書記に委任することが可能になる法的根拠を築く。

　　併しながら第2項ではいかなる権限も基礎自治体書記に委任される可能性はないことが明らかにされる。

　　基本原則は基礎自治体書記が委ねられた固有の権限を執行するということにある。これは本命令自体がはっきりとこれを定めていないならば基礎自治体書記の権限をいかなるその他の職員にでも再委任しないことを意味する。

第Ⅲ章・首長

第Ⅰ節・首長の任命
第59条
§1. 首長は選出された基礎自治体議員たちの中からフラーンデレン政府によって任命される。これらの後者はこれに対して候補者たちを推薦できる。このためには熟慮された推薦証書が県知事に提出されなければならない。それが容認されるには推薦証書は指名された候補者と同じ名簿で首長候補者に選出された者たちの過半数によって署名されなければならない。首長候補者の氏名が2名だけしか記載されていない場合には、その一人の署名で足りる。誰も推薦証書の一つにしか署名できない。

推薦証書はさらに第1項に定められた、残任期間を引き継ぐはずの者の氏名と同様に、首長候補者の職の終期にも言及できる。

フラーンデレン政府はその推薦証書が第1項に定められた諸条件に従って容認されるかどうかを点検する。ここでは宣誓を行った基礎自治体議会議員たちの署名だけが、推薦名簿に署名した、その後で基礎自治体議会議員として宣誓を行った後継人たちの署名を含めて、考慮に入れられる。

フラーンデレン政府はそれにもかかわらずいつでも新たな推薦を要求できる。

§2. 県議会の常任代表団の全会一致の勧告に基づき首長は基礎自治体議会によって選出される以外に少なくとも25歳以上の基礎自治体議会選挙人たちの中からも任命される。

議会以外から任命される首長は全ての場合に首長と理事たちの理事会で投票権を有する。

基礎自治体議会では彼は諮問権を有する。

　　首長の任命に関しては基礎自治体議会議長や理事たちの任命と同じような任命制度によって決められる。

　　本基礎自治体令議案では首長の候補者推薦証書がさらに基礎自治体議会議員の過半数によって指示されなければならないことが明確に定められている。

　　併しながら首長が任命されるためには候補者推薦証書が容認されうるだけでは不十分である。フラーンデレン政府がなお選択権を有していて望めば新たな候補者推薦名簿を選ぶことができる。フラーンデレン政府はここでは首長の重要な権限（例えば警察権）のために幾らかの統制を維持したいと望む。

第2段標は議会の外部からの首長の任命を定める。この規定は新基礎自治体法第13条第2項を再掲する。本命令の起草者たちは、例えそれが実際には滅多に利用されないとしても現在存在する機会を無視したいとは望まない。確かに特別な警察権の職務を考慮して、基礎自治体の外部の首長を探さなければならない事情が生じるかも知れない。首長は地方代表であるばかりでなく、同時に中央権力の代表でもある。このために彼はフラーンデレン政府によって任命され、さらにその手中で宣誓をする（例えば第59条§1及び第60条§2）。第64条§1で規定されているように、首長は原則的な関連においてやはり連邦及びフラーンデレン政府の法律、命令及び施行令の執行を所管している。議会の外部からの首長の任命は、現在の場合のように、例外のまま維持されなければならない。

　　併しながらVoeren基礎自治体に対しては助言は常任代表団によってではなく、県知事会の同一内容の助言を得て県知事により発せられるべきである。フラーンデレン地域圏には確かに新基礎自治体法第13条第3項で想定された規定を修正する権限がない。この規定はそれゆえ廃止されなかった。

　　第31条に従って基礎自治体議会の外部から任命される首長は、基礎自治体議会の会議に出席していなければならないが、基礎自治体議会での投票権は有していない。

第60条

§1. 首長は第59条の§1第2項、第62条及び第63条の適用を条件に、6年の任期で任命される。

§2. その任務の受諾の前に首長はフラーンデレン政府の手中で以下の宣誓を行う：「私は私の任務を果たすことを誓う。」2度続けての招集後に宣誓を行わない首長候補者は、その職を受諾しないものと見なされる。第13条で言及された裁判所はこれについて生じる争論について宣告する。

§3. 基礎自治体議会選挙の後も退任する首長は新任の首長の就任が行われるまで留任する。

　　また6年の任期の原則は、候補者推薦証書における終了日の言及の場合、退任又は交代による場合を除いて、首長にも適用される。

第61条

第48条は一様に首長に適用される。

　　理事たちの防止策に関する規定は首長にも適用される。

第62条
首長はその辞表を書面でフラーンデレン政府に提出できる。辞任はフラーンデレン政府がこれを知れば直ちに決定される。
兼職不能の場合を除き首長はその職務を首長として取って代わられるまで行使する。
　　　　本条は首長の自発的退任を定める。

第63条
首長候補者が首長職を受諾しないか、又は若しも首長が失職したと宣告されるならば、支障ありと見なされ、退任若しくは停職させられ、辞職したか死亡したならば、第59条と第60条に従って新たな首長が任命される。新たな任命までは首長職は第2項に従って代行される。
議長が別の理由で一時的に不在となった場合には、首長がその権限を別の理事に委任していなければ、序列の順番で別の理事によって代行される。
支障があると見なされ、停職若しくは一時不在となる首長は、支障があり、停職させられるか若しくは一時不在となる限り全て代行される。基礎自治体議会は支障若しくは停職の期間の終了を書き留める。
　　　　本条は一時的及び最終的な交代を定める。

第Ⅱ節・首長の諸権限
第64条
§1. 警察法、警察令、警察管区諸規則、警察諸規定及び警察諸決定を除き、基礎自治体区域の行政警察に関して及び緊急警察管区諸規則に関して、この権限が基礎自治体の別の機関に委任されていなければ、首長は連邦政府の法律、命令及び執行決定の実施について権限を有する。
　　　§1. 首長は、権限が明確に他の基礎自治体の機関に委任されていない限り、国、共同体、地域共同体の法律、命令及び施行令の執行を所管している。これによって首長の警察権が侵害されることはない。首長は、基礎自治体の領域での行政警察と新基礎自治体法第133条第2項と第3項、第133条の2及び第134条の所管警察法、警察令警察施行令、警察規則、及び警察命令の執行権を有している。
§2. 首長は彼が要求するときにはこの権限を行使する方法について知らされる。
　　　§2. この規定は首長がそれに基づきその権限を行使する方法について知らされる基礎自治体議会の権限を定める。

第65条

§1. 新基礎自治体法第134条の2に従って首長は、6か月以上前から空き家となっている建物の所有者たちからの公示に対する書簡に基づいた公共社会福祉センター理事長の意欲を駆り立てる要求で、当該建物を浮浪者たちに利用させることができる。要求権は首長が所有者に通告した日から6か月以内に、所有者が正当な対価を受領するという条件で、初めて行使されることが可能となる。

§2. フラーンデレン政府は、要求権が行使される限度、諸条件及びそれに従って要求権の行使が可能となる諸規定を決定し、さらに対価の算出方法と併せて、手続、使用期間、所有者に知らせるための規定、及び後者の要求に反対する可能性を決定する。

　　この規定は新基礎自治体法第134条の2を再掲する。国務院の助言34,480／3号を考慮して、そこには新基礎自治体法第134条の2が連邦政府の権限に帰属する政策面を規制することが詳述されているが、国務院自体によって利用される、即ち本命令の文中で連邦の規定を参照する手法が頻繁に使われてきた。

　　国務院はこの助言においてこの手法が本議案の読みやすさのために適切であることを述べている。併しながら命令作成者がその規則の範囲を変更する権限を有していないことを見失わないために、本議案の関連規定が実際にはより高度な規則又は別の政府によって確定された規則の確認（「…の…条に従って」）を超えるものではないということを明確に述べているのははっきりしている。

　　国務院の助言に応ずるために第134条の2の第2項は再掲されない。

第66条

§1. 施設か認可の運営諸条件が遵守されないか若しくは違反者がその抗弁書を提出する機会を与えられた後では、首長は新基礎自治体法第134条の3に従って重大な損害を被る虞があるとして手段を講ずることができる。併しながら首長はこの場合、特別規定によって施設の暫定的閉鎖か認可の一時的停止が別の官公庁に付託されているならば、いかなる手段も講ずることはできない。

§2. これらの手段は首長と理事たちの理事会によって次の最初の会議で承認されなければ直ちに失効する。

閉鎖も一時停止も3か月の期間を超えることはできない。期間の経過後は首長の決定は合法的に失効する。

　　この規定は新基礎自治体法第134条の3を再掲する。第65条の所見を見よ。

第67条
新基礎自治体法第134条の4に従って首長は、若しもこの施設の行状の結果として近隣の公序が乱されているならば、首長の決める期間施設を閉鎖することが決められる。
この措置は若しも次の首長と理事たちの理事会で承認されなければ直ちに失効することになる。
閉鎖は3か月の期限を超えることはできない。首長の決定はその期限の終了によって停止される。
　　　この規定は、第1項で「よって」{"door"}が「従って」{"naaraanleidingvan"}に取って代わられる限り、新基礎自治体法第134条の4を再掲する(M.BOES,T.Gem,2002年、115頁参照)。第65条の所見を見よ。

第68条
首長たちの要求によって基礎自治体議長は第21条に従って、首長によって提案される議事日程と併せて、首長によって提案されるその議事日程が専ら首長の権限に関わる限り、基礎自治体議会を招集する。
　　　さらに首長は唯固有の権限に関してだけだが上訴権を有している。

第Ⅳ章・法的地位・規律・責任

第Ⅰ節・法的地位
第69条
フラーンデレン政府はその確定する諸条件によって名誉称号を授与し、首長と理事たちの正装と徽章を規定する。

　　本条は、フラーンデレン政府が現在事務員や首長と理事たちの徽章を定める権限を有する限り、新基礎自治体法第21条を再掲する。

　　この規定は基礎自治体議会議員たち及び社会福祉協議会の委員たちがもはや名誉称号とは考えられないと解されることはできない。

第70条
§1. 首長と理事たちは、公共社会福祉協議会理事長を除き、基礎自治体の負担で休暇手当と年度末賞与を含む給料を受ける。フラーンデレン政府は基礎自治体の住民数を考慮してこの給料を確定する。首長の給料はフラーンデレン議会議員たちの給与のパーセントで表現される。理事たちの給料は首長の給料に基づき決定される。フラーンデレン政府は、首長と理事たちの給料が当事者たちの要求で減額される場合と当事者たちが被った収入の損失金額の補填要求で追加される場合の、これらの給料の支払方法を定める。

第48条、第61条若しくは第71条に従って支障があるか停職の場合はその職に連結した給料は支障があるか停職となった首長か理事たちと交代する者に支払われる。支障があるか停職となった首長か理事たちは支障があるか停職となった期間については、給料は支払われない。

　　§1. 首長と理事たちは、公共社会福祉センター理事長を除いて、基礎自治体の負担で、休暇手当と年末ボーナスを含む給料を受け取る。この俸給を確定するのはフラーンデレン政府の責任である。これには基礎自治体の人口数を考慮しなければならない。アントウェルペンやヘントのような都市では理事たちは、住民が千人いる基礎自治体の理事たちよりも重い責任を負い、その職務の遂行により多くの時間を使わなければならないだろうといわざるをえない。首長の給料はフラーンデレン議会の議員たちの報酬の何パーセントで表現される。理事たちの給料は首長の給料を基に確定される。

　　第1段標の最後では、収入の損失額を補足する可能性が全くないばかりでなく、紛れもなく責任もないと指示することが「補足されている」とはっき

り述べている。
§2. 基礎自治体議会は首長と理事たちの職務の執行に関わる特別の出費は対価について考慮されると定めている。

  §2. その上さらに費用弁償がフラーンデレン政府によって確定される範囲内でこれらの費用が首長や理事たちの職務の行使に関連がある限り用意される。

§3. 首長と理事たちは本条で確定されている報酬以外に、いかなる理由でも又いかなる名目でも、基礎自治体と外郭自治機関の負担で受け取る追加の報酬、給料及び出席手当を受け取ることはできない。

  §3. この規定は新基礎自治体法第19条§3に基づいている。それは首長と理事たちがその給料と本条で用意されるその他の報酬以上にさらに地方自治体議会の出席に対する補償のための日当を要求することができるのを防ぐことを意図する。彼らの給料には既にこの補償を含んでいると考えられる。

§4. 首長か理事たちの給料と首長か理事たちによってその職務に近いところで行われる活動に対して報酬として受領される諸々の報酬、給料及び出席手当の総額は、唯フラーンデレン議会の議員たちの報酬の金額の1倍半に等しいかそれ以下である。その金額の集計については首長か理事たちによって受領される、政治的性質の公務、公的活動若しくは公職の遂行に由来する報酬、給料及び出席手当の金額の計算方法によって行われる。

第1項に言及されたその上限が政治的性質の公務、公的活動若しくは公職の遂行に由来する報酬、給料及び出席手当の総額が超えられるならば、適切な金額に減額される。

首長と理事たちは基礎自治体議会に文書で彼らの職務に追加して遂行する特別の活動を通告する。

  §4. この段標は新基礎自治体法第20条の2を完全に再掲する。これはフラーンデレン議会の議員たちの報酬の一倍半という想定された上限を超えるときは、基礎自治体によって支払われる首長と理事たちの給料は削減されることを意味する。

§5. この規定は新基礎自治体法第19条の§4に抵触することはない。

  §5. 最後に、この規定は首長や理事たちの社会的地位を定める新基礎自治体法第19条§4を侵害しないということを規定する。

第Ⅱ節・規律
第71条
制度改革のための1980年8月8日の特別法の第6条、§1、第1項5°に抵触することなくフラーンデレン政府は明白な不行跡か重大な怠慢のために首長、理事たち若しくは基礎自治体議会議長を停職か罷免ができる。当事者は前もって聴聞される。フラーンデレン政府はこれについて手続細則を確定する。

罷免された首長、理事たち若しくは基礎自治体議会議長は2年経てば再任が可能となる。

  本条は基礎自治体の首長、理事たち及び基礎自治体議会議長に関するフラーンデレン政府の懲戒権を定める。

  首長に関わる懲戒に関しては、2001年7月13日の特別法により改正されたような機構改革法に含まれる事項への制限が考慮されなければならない。地域圏は現在首長に対する懲戒制度に関する権限を有している（2001年7月13日の特別法の第4条の5°）。併しながら連邦立法府は合法的若しくは合規的規定の法令の遵守無視に基づく制裁に対する予防策が講じられてきた。その場合に関係首長は国務院の行政部に対して仲裁裁判所又は国務院の行政部の総会に事前問い合わせをするよう要求できる。

  立法府はまた首長たちの懲戒制度に関して経過規定を整えてきた。2006年12月31日まで国王は首長について明白な不行跡若しくは重大な不注意のために一時停職か離職させる権限を有している（前述の法律の第40条）。この期間は任免と罷免についての関連を考慮して設定される（国王によって任命された首長だけが国王によって罷免される）（PadSt.Kamer, 2180／003,12）。

  本条の最終項は新基礎自治体法第83条第3項に基づく。罷免された首長、理事たち又は議長は2年後にだけ再選されることが可能になる。この措置は現在の在任期間例えば理事個人の後任によってか又は新たな議長選出によって効果を及ぼす。併しながらこの措置はまた後任の在任期間にも即ち若しも彼が懲罰の宣告後2年以内に基礎自治体議会選挙が行われることが分かれば影響を及ぼす可能性がある。

第Ⅲ節・責任
第72条
その職務の執行によって第三者たちに与えた損害に関係する民事裁判所か刑事裁判所に提起される損害賠償請求に対して首長か理事たちは、遂行される権限の性

質に応じて、連邦政府、フラーンデレン共同体、フラーンデレン地域圏又は基礎自治体を引き込む。首長は連邦政府、フラーンデレン共同体、フラーンデレン地域圏又は基礎自治体の遂行される権限の性質に応じて、その訴訟に関与できる。連邦政府、フラーンデレン共同体、フラーンデレン地域圏又は基礎自治体は、自発的に介入できる。

　　この規定は新基礎自治体法第271条の2を再掲するが、この規定は全基礎自治体又は連邦国家だけでなく、さらにフラーンデレン共同体やフラーンデレン地域圏首長や理事たちを、やはりこれらにこれらの政府によって委任される共同の任務の一環として行動できるために、争訟においては引き込むことができる。その上、関係政府の首長や理事たちがいずれにせよそれに対して補償の請求に持ち込まれるという事実を知らされることが想定される。

第73条

繰り返しの場合を除き、基礎自治体は首長か理事がその職務の通常の執行によって犯した犯罪のために有罪を宣告される罰金の支払いに民事上の責任がある。
首長か理事に対する基礎自治体の有罪判決は、付随して通常発生する重い負債も軽い負債も、詐欺の場合に制限される。

　　この規定は新基礎自治体法第271条を再掲する。

第74条

基礎自治体は、法的支援を含む民事責任を保証する保険を契約するが、それは最終的に首長と理事たちに職務の通常の執行に対して個人的に負わされる。
フラーンデレン政府はこの規定の執行のために細則を定める。

　　規定は新基礎自治体法第329条の2を再掲する。

第Ⅴ章・基礎自治体の部局

第Ⅰ節・一般諸規定
第75条
基礎自治体議会は基礎自治体の部局の組織図を確定する。
組織図は基礎自治体の部局の組織構造を表現し、権限関係を詳述する。
> 本条は詳しい説明は必要ない。

第Ⅱ節・一般諸規定
書記、副書記、財務管理者及び管理団
第Ⅰ分節・共通の利益
第76条
§1. 全ての基礎自治体に基礎自治体書記と財務管理者が置かれる。
住民6万人以上の基礎自治体には副書記の任命を用意できる。
§2. §1に規定されている諸職務は基礎自治体の職員たちによって執行される。基礎自治体議会は職員たちの任免権を有し、且つ懲戒当局と見なされる。
第1項に反して財務管理者の職務はフラーンデレン政府によって定められる場合には地域圏の収税吏によって執行される。フラーンデレン政府は地域圏の収税吏の規則を確定する。さらにフラーンデレン政府は財務管理者の法的地位に関わる本命令の諸規定に違反することもできる。
財務管理者の職務が地域圏の収税吏によって執行される基礎自治体は、フラーンデレン政府が確定する諸規定に従って、それに関する費用を負担する。
> 本条は基礎自治体がいずれの基礎自治体書記と財務管理者を持たなければならないことを指示する。基礎自治体収税吏の以前の地位は廃止される；財務管理者の職が取って代わった。
> 住民6万人からは基礎自治体議会は副財務管理者を設定する決定ができる。
> 基礎自治体書記は常に基礎自治体の職員である。
> これは原則として財務管理者にも当てはまる。併しながら一定の場合には財務管理者の職は地域圏収税吏によって果たされるだろう。フラーンデレン政府はそれらの場合を決定するだろう。地域圏収税吏の特有の地位はフラーンデレン政府によって確定され、それは必要なら本命令の諸規定とは異なることもできる。

　　　　基礎自治体は地域圏収税吏の団体に関係する費用を寄付しなければならないだろう。フラーンデレン政府はそれらの費用の配分率を決める。第2段標第3項はそのための命令の根拠を創り出すことを意図する。

第77条
その職務を引き受ける前に第76条に言及された職員たちは、基礎自治体議会の公開の会議中に、議長の手中で次の宣誓を行う：「私は私の任務を果たすことを誓う。」
第1項に言及されるような職員は基礎自治体議会の次の会議で宣誓を行うために書留郵便で招集された後で正当な理由なしに宣誓を行わない場合、その職を放棄したものと見なされる。宣誓の拒否は、任命の放棄に該当する。

　　　　本条は新基礎自治体法第25条§2、第43条及び第53条§2に既述された基礎自治体書記、副書記及び収税吏についての宣誓実施の要求について再掲する。改正された宣誓形式に対しては第8条の説明に記載されている。これらの職員たちが職務を遂行し代表団たちではないので、宣誓形式もまたこの気持ちが表明される。

第78条
§1. 基礎自治体書記、基礎自治体副書記及び財務管理者の職は同じ基礎自治体内では他の職と兼任できない。
§2. 基礎自治体書記、基礎自治体副書記及び財務管理者の職はその基礎自治体で行政監督か外部監査を担当する職員の資格と両立できない。フラーンデレン政府は細則を確定する。

　　　　基礎自治体書記と基礎自治体収税吏の職務間の利益相反は既に新基礎自治体法第78条第1項に用意されている。職務分離の必要性は本命令においては、職務レベルでの徹底的な責任遂行を考慮して、唯一層強化しただけである。従って第1段標の第1項では利益相反の原則は基礎自治体書記、基礎自治体副書記及び財務管理者の職と基礎自治体内のその他の職との利益相反が確定されている。

　　　　新基礎自治体法第78条の「同一基礎自治体内の職」について§1は同一基礎自治体政府内の職を意味する。それは法人としての基礎自治体政府内の累積禁止に関係する。その規定は従って確かに地理的意味を持っていない。

　　　　第2段標は新基礎自治体法第79条に基づく。その用語は第12条§1で統一された（職員は行政監督か外部監査の任務を担う）。それ以上の規則はフラーンデレン政府によって確定されるだろう。

第79条

基礎自治体書記、基礎自治体副書記及び財務管理者には自らか商法典第2条の意味での仲介人による商行為は禁じられている。

　　類似の禁止規定は新基礎自治体法第27条、38条、42条、68条及び第70条において以前の基礎自治体書記、基礎自治体副書記及び収税吏の職に見られた。この禁止違反に懲戒処分を課す責任は引き継がれなかった。さらに'商売をする'という表現は'商取引行為をする'によって取って代わられ、一層分かり易くされている。

第80条

§1. フラーンデレン政府により定められる諸条件の下で、基礎自治体議会は基礎自治体書記と財務管理者の職務がパートタイムで行使されるのを決定できる。

§2. 基礎自治体議会は基礎自治体書記のパートタイムの職が同じ基礎自治体の公共社会福祉センターのパートタイムの書記によってか別の基礎自治体のパートタイムの書記によって遂行させることができる。

§3. 基礎自治体議会は財務管理者のパートタイムの職務を同じ基礎自治体の公共社会福祉センターのパートタイムの収税吏によってか別の公共社会福祉センターのパートタイムの収税吏によって遂行させることができる。

　　一定の小規模基礎自治体においてはこの種の基礎自治体書記及び／又は財務管理者の職務範囲がこれらの職の非常勤での達成を用意する可能性を示すことがあるだろう。財務管理者の職務が地域圏収税吏によって行われる場合については第76条で言及される。

　　第80条は基礎自治体自体の職員によるこれらの職の非常勤での達成に関わる。フラーンデレン政府は非常勤による達成についての諸条件を決めるだろう。

　　第2及び第3段標は別の基礎自治体又は公共社会福祉センターにおける類似の職の非常勤の肩書所有者によって非常勤の職務が行使されると思われる若干の可能性を明らかにしている。本条は基礎自治体書記及び財務管理者という最高職の交代を定める。それはもちろんこれらの職が基礎自治体の職員たちによって占められている場合だけに適用され、従って財務管理者の職が地域圏の収税吏によって行使されている場合には適用されない。これらの場合には第76条§2の第2項に従ってフラーンデレン政府によって交代が規制されるだろう。

第81条
§1. 第91条の適用という条件付で基礎自治体議会は基礎自治体書記と財務管理者の交代を定める。
§2. 基礎自治体議会は不在か支障がある基礎自治体書記か財務管理者と交代するために代理の基礎自治体書記か代理の財務管理者を任命できる。
緊急の場合には代理の基礎自治体書記か代理の財務管理者が首長と理事たちの理事会によって任命される。任命は若しも次の会議で承認しなければ失効する。
§3. 基礎自治体議会はいずれにせよ、基礎自治体書記か財務管理者の不在か支障が3か月以上に長引くか、又はその職が空席となったならば、§2の手続に従って代理の基礎自治体書記か代理の財務管理者を任命することになる。

　　第1段標は原則として基礎自治体議会がこれらの職員たちの交代を定めることを詳述する。それ以上の規則は交代方法に関して制定されていない；それは基礎自治体議会に個々の基礎自治体の部局の必要に応じた具体的な交代規則を作成させるからである。

　　第2段標では一定の交代、即ち場合に応じて代理の基礎自治体書記又は財務管理者の任命形式が定められる。これは、その職に任命された者がその職と結び付いた全ての権限を握るので最も極端な交代形式である。緊急の場合には首長と理事たちの理事会も、基礎自治体議会によって確認されれば、代理の基礎自治体書記か財務管理者の任命に移ることができる。若しも執行部が基礎自治体副書記を持つならば第91条に従って基礎自治体書記は基礎自治体副書記によって取って代わられるだろう。

　　第3段標は3か月以上の長期間にわたる不在か障害及びこれらの職の空席（欠員）の場合代理の基礎自治体書記か財務管理者の任命によって交代を義務付ける。基礎自治体副書記の職務についてはこの義務は適用されない。

　　代理の肩書保有者自身が肩書保有者としての特権を持っていると規定するのが執行命令の意図である。これでもって彼が給与序列を考慮した肩書保有者の賃金等級に応じた同一の移行給与その他を持つ権利を有することが意図される。

　　財務管理者として地域圏の収税吏の場合には交代は彼若しくは彼女が関係部局に割り当ててきた権限によって影響されるだろう。

第82条
代理の基礎自治体書記、代理の基礎自治体副書記及び代理の財務管理者は彼が代理を務める職務の行使のための十分な諸条件を満たしていなければならない。彼

はその職に付随する全ての権限を行使する。

この規定は代理の基礎自治体書記か財務管理者が任命される全ての場合に適用される。それは又基礎自治体が基礎自治体副書記の職に任命する場合及びこれの長期不在の場合にも適用される。

「代理人である職務を果たすという条件」の下では代理人が選抜試験に合格しなければならないとは解されない。小規模基礎自治体にとっては条件に見合う代理人を自己の組織内で見つけ出せるとは必ずしも明らかでないために6か月の逸脱の機会が用意される。

それは代理の肩書保有者の契約は少なくとも肩書保有者が職に復帰する時期が終結するか又はその職が肩書保有者によって再び占められるかを定める場合である。

第83条

基礎自治体議会はその職が空席となってから6か月以内に基礎自治体書記か財務管理者を任命する。

この義務は既に基礎自治体書記の職(第25条§1第2項)及び地方収税吏(第53条§1第2項)について新基礎自治体法で用意されていた。

第84条

基礎自治体議会はその職の終了時に新しい基礎自治体書記を任命できる。新任の基礎自治体書記は早ければ退任する基礎自治体書記の職の終了の前6か月前にその職に就任できる。

新任の基礎自治体書記は退任する基礎自治体書記をその任務の遂行とその権限の行使において支援する。退任する基礎自治体書記の職の終了に当たり新任の基礎自治体書記は基礎自治体書記の職を引き受ける。

本条は財務管理者に類推適用される。

基礎自治体書記と財務管理者の肩書保有者の継承は、基礎自治体の業務の継続のための特別の挑戦を形づくり、これらの業務は基礎自治体の業務の組織と運営において演ずる中心的役割と考えられる。

本条は基礎自治体に継承の継続を最大限に保証する可能性を意図する。

新たな基礎自治体書記は退職する肩書保有者が辞任したときからその職に就く。彼は多分既に以前に雇用されていて基礎自治体書記をその権限の行使に当たり補佐してきていただろう。ここでは従って空席があるための任命に関わるが、この場合は、新書記は退職する肩書保有者の手助けを指定していた。

この規定は唯退職する肩書保有者がはっきりとその職の終結することを認識していたという意向を述べているか又は法定の職務終結の場合にのみ適用される。これは例えば年齢が強制的な年金付退職に到達する場合である。従ってその条文は肩書保有者が一時的な不在の場合には適用されない。
　同じものは地方当局によって任命された財務管理者に適用される。
　本条は基礎自治体副書記には彼がその就任中基礎自治体書記によって支援されるだろうと期待されるので明確に適用されない。継続はその場合基礎自治体書記の人柄によって保証される。

第85条
第27条の§2は基礎自治体書記、基礎自治体副書記に類推適用される。
　新基礎自治体法第92条第1項2ºから6ºまでと第2項を遵守する。併しながらこれらの禁止規定の適用は本命令においては財務管理者に拡大される。

第Ⅱ分節・基礎自治体書記及び基礎自治体副書記
第86条
基礎自治体書記は基礎自治体の部局の全般管理に責任がある。
彼は基礎自治体職員の長であり、日常の職員管理に対して権限を有する。
彼は費用の支払の実施と資金管理に責任がある。
彼は首長と理事たちの理事会に報告する。
　本命令においては、基礎自治体書記は基礎自治体の最高幹部と認められる。基礎自治体の長の地位にあり日常の人事管理権を持っているのは彼若しくは彼女である。国務院の所見に応じるためにこの規定は修正されている。基礎自治体内独立機関に雇われている基礎自治体の職員たちは確かにその機関の長の指揮下にある。その地区に雇われている基礎自治体の職員たちは地区書記の指揮下にある。
　'日常の人事管理'という概念の下には、例えば休暇、求職、経歴中断等々、研修と評価の規定の個々の適用等々の要求のようなあらゆる形の独自の人事管理があると解され、それらはそれぞれの基礎自治体が持っている人事規則から影響を受け、またそれが適用される。それはさらに休暇期間の確定や祝祭日のような一定の形の共通の人事管理の規定についても対処している。
　もちろん基礎自治体書記は本命令で付与されるこれらの権限の行使に際して適用される法律、例えば個々の統治行為の明確な誘因となる法律及び労働組合法といった法律を適用しなければならない。

職員の募集、懲戒及び解雇は'日常の人事管理'とはならない。これらの権限は理事会にあるが（基礎自治体議会の最高任務であるため）、それらは、最高任務以外は基礎自治体書記に委任されることが可能である。募集と解雇は財務管理に含まれる。これは特に給料の支払いが法律によって別の方法を定めていない限り給料の支払いは当該職員を募集した機関か人によって承認されなければならないということを意味する。

本命令においては基礎自治体書記と収税吏（現在は財務管理者）の間の均衡は一層よく釣り合いが取れている。今後は基礎自治体書記が支払いと現金の管理を保証しなければならないというのがその理由である。これらの任務は命令による任務分担の原則を考慮して決して財務管理者に委任されることはできない。現金の管理の下では直接依頼人との契約に入る任務の機会が意図される；現金、銀行カード（proton）の支払いと収受等々。財務管理者は地方政府の収支の動向の記録のためと金庫に生ずる業務に責任を有する。これは良好な内部統制制度に貢献する命令である。

基礎自治体書記は委任された首長と理事たちの理事会の権限を持つだろうし、首長と理事たちの理事会がそれと取り決めなければならない一定の任務を遂行しなければならない。彼は政治家と公務員の間の連携管理に責任を有する。それゆえその首長と理事たちの理事会に定期的に報告するのはなおさら当然である。

第87条
§1. 基礎自治体書記は政策の準備、実施及び評価のための基礎自治体の部局の活動に責任がある。
彼は第99条と第100条に従って基礎自治体の部局の活動の内部統制に責任がある。
§2. 少なくとも毎度の全面改選の後で基礎自治体書記は管理団と残りの構成員たちの代理として政策目標を実現するために首長と理事たちの理事会及び首長と一緒に協働する方法と執行部と事務局との間の作法の協定文書を締結する。
この協定文書にはどのような方法で第58条に従って首長と理事たちの理事会によって彼に委任される諸権限を行使するかが定められる。
§3. 基礎自治体書記は基礎自治体議会、基礎自治体議会諸委員会、首長と理事たちの理事会及び首長に提出する案件を準備する。
§4. 基礎自治体書記は管理団との協議に以下の草稿の作成を準備する：
1º 組織図；

2º 職員要求計画；

3º 職員構成；

4º 職員の法的地位諸規定；

5º 長期計画とその修正の戦略的覚書；

6º 予算の方針覚書；

7º 予算修正の説明文書。

　　　第1段標の第2項によって基礎自治体書記が内部統制制度に対して責任があることが強調される；第100条で意図された基礎自治体議会の決定は彼若しくは彼女に彼若しくは彼女の責任を免除しない。本議案は管理団と協議して作成されるために、さらに責任を弱めないというその基礎自治体議会の決定が行政機関全体に送達できるよう意図される。

　　　本条は一方的な命令通知と取決めの覚書の両方を想定する。

　　　第2段標に述べられる取決めの覚書は政治家と公務員との間の取決めの形式という意味を持つ。それはまた基礎自治体書記が首長と理事たちの理事会と管理団の代表として取決めの覚書を結ぶ理由である（以下を見よ）。この取決めの形式からは第三者は権利を得られない。さらに管理団と首長と理事たちの理事会との間には直接法律上結び付く効力はない。それは責任を負う基礎自治体書記の指揮下で公務員が、取決めが結ばれたために期間終了に責任を取る手段である。それは責任遂行の手段である。それはさらに政治家と公務員組織との間を結ぶ管理のために役立つ手段でもある。

　　　それは基礎自治体書記への及び直接にその他の予算保有者への権限委任はこの取決め覚書によっては行えないのは確かである。それは首長と理事たちの理事会の規則によって行われなければならない。

　　　第3段標では政治機関の集会の準備作業は基礎自治体書記によって支援されるか準備さえされなければならないと詳述されている。それは明らかに彼若しくは彼女がこれについて彼若しくは彼女が統括している職員に対して求めることができる。これは何よりも第1段標に従う。

　　　政治的政策の一定の準備作業に対して基礎自治体書記は管理団と協議しなければならない。それは基礎自治体の管理に重大な影響を与えているか又は与えることができる政治的決定と関係がある。

第88条

§1. 基礎自治体書記は基礎自治体議会と基礎自治体の首長と理事たちの理事会に出席する。

§2. 基礎自治体書記は基礎自治体議会、首長と理事たちの理事会及び首長に適切な政策、行政知識及び法律領域について助言する。彼は、必要が生じた場合には、適用可能な法的諸規定を想起させ、彼に知識があって、法律の命ずる情報が諸決定に記載されている事実に基づくデータに言及する。

§3. 第27条§1は基礎自治体書記に類推適用される。

> 第1段標は基礎自治体議会及び首長と理事たちの理事会の会議への出席は新基礎自治体法に既に暗黙の内に用意されていた規定と関係がある。基礎自治体書記の任務、特に本条の第2段標において意味するものを考慮すればそれは必要である。基礎自治体書記が基礎自治体議会の委員会に出席する機会も追加された。
>
> 本条の第2段標では基礎自治体書記の助言業務が達成されている。この論題は一部公共社会福祉センターに関する1976年7月8日の組織法第45条に基礎が置かれている。その助言は広範囲に及ぶと考えられる：即ちそれは行政、政策と法律の両方に関わる。この広範囲の解釈は基礎自治体における最高幹部の新しい業務内容と更新された人物像とに合致する。「基礎自治体議会に助言する」の句の下で基礎自治体書記の助言は彼自身の発案か又は基礎自治体議会の決定によって与えられると解されなければならない。
>
> 本条の第3段標は新基礎自治体法の第92条第1項の2°から着想が得られている。

第89条

基礎自治体書記は往復書簡の処理を手配する。彼は第57条§4に抵触せずに基礎自治体の公文書と権利証書の管理を手配する。

> 公文書は何らかの個人、個人の何らかの集団又は何らかの組織によって入手されるか又は作成された証拠書類、領収書類又は資料ファイルの全体である。
>
> 副題は例えば買収、寄贈、抵当などの権利証書正本を意味しなければならない。それらは個別にそれらについての重要性が伝えられている。
>
> 公文書と権利証書の管理に関する基礎自治体書記の任務は第57条§4に述べられている首長と理事たちの理事会の公文書と権利証書の管理責任に影響することはない。

第90条

基礎自治体書記は第58条に従って若しくはその他の法律か命令の諸規定に従って彼に付託された諸権限を行使する。

> 本条はこれ以上の説明は必要ない。

第91条
基礎自治体副書記は基礎自治体書記をその職務の遂行において補佐する。彼は基礎自治体書記が不在か支障があればその代行をする。

> この規定は新基礎自治体法第44条の内容の再掲である。

第92条
基礎自治体書記は日常の職員管理の遂行を組織図に指示されている監督職員に付託できる。

> 基礎自治体書記の任務と権限の拡大を考慮して一定の場合にこれらの委任が部局長たちに実際に割り当てられるだろう。その一つが日常の人事管理である。
>
> 本条は第58条及び第158条以下と結び付けて読み取られなければならない。
> 第58条は理事会の基礎自治体書記への委任に関わる。
> 第92条は本命令に基づき基礎自治体書記自身の権限の部局長たちへの委任に関わる。この委任の機会は日常の人事管理を委任することに制限される。
> この制限は基礎自治体書記たちがその核心的権限の一部を部局長たちに自由に委任する能力を持つことを防ぐために必要である。若しも彼らがこの能力を持ったならば当然意向に沿えないものを避ける努力をする責任を形骸化することができただろう。
> この制限は企画に関する第Ⅳ編及び財務管理を侵害することはない。

第Ⅲ分節・財務管理者
第93条
財務管理者は基礎自治体書記の職務指揮の下で以下に責任がある：
1º 管理団と協議して以下を起草する：
a) 長期計画とその年次改訂の財務文書の草稿；
b) 年次予算と予算改訂の財務文書の草稿；
c) 内部の金融調整の草稿；
2º 会計の処理と締括り及び目録と年次決算の作成；
3º 最も広い意味での財務分析と財政政策勧告の準備；
4º 資金管理。
本条に言及された分野について財務管理者は基礎自治体書記に報告する。

> 若干の任務について財務管理者は基礎自治体書記の職務指揮下で働くだろ

う。それは計画報告（長期計画、予算、…）と関連した実施、会計処理、備品の記録作成等々の任務の場合である。熟慮の後で財務管理者への資金管理を依頼することが決められる。この決定は彼がこの分野の財務管理の専門家であると認めたいし且つこれがまた同時に内部統制の要素に法的に適応していたために行われる。結局支払いをする者は十分な金を持ちたいと望み、財務管理者はできる限り資金を投入できることを望む。若しも財務管理者がこの点でずさんだったとすると疑いもなく支払いをする彼若しくは彼女は高水準の会計の観点から問いただされることになろう。若しも彼が支払いをする者に対して十分な手だてを用意しなければそれはやはり修正の行動を引き起こすだろう。

新基礎自治体法が対立モデルから生ずるならば本命令は明確に共同モデルを意図している。基礎自治体書記と財務管理者が緊密に協力するのがその狙いである。

そこには職務の指揮者がいなければならず、これは基礎自治体書記に委ねられる。基礎自治体書記への報告は書面でも口頭でも行われる。

第94条

財務管理者は以下に全く独自に責任がある：
1º 第Ⅳ編で確定される諸条件に従って、予算と財政の影響についての基礎自治体の諸決定の前述の金融・様式統制；
2º 債務者管理、とりわけ税収と税外収入の徴収。
異論のない請求可能な税外徴収を考慮して財務管理者は差押令状を発布する。このような差押令状は裁判所の執達吏の差押令状によって送達される。
本条で言及される任務の遂行は財務管理者が全く独自に首長と理事たちの理事会と基礎自治体議会に報告する。

「完全に独立して」という語は基礎自治体議会がここでは財務管理者の他の任務とは対照的に監督の性質を有する唯一の権限を持っているということを意味する。財務管理者の完全な責任がここでは役割を演ずる。彼若しくは彼女が、少なくとも良好な財務管理者が期待されてよい成果が得られる限り、本条で付与されるその任務をどのようにして遂行するかを自ら決定する。

新基礎自治体法における収税吏がその手続の最後に、清算について信用・合規性の検査を実施すれば、次にその手続に変化が起こり、それによって幾らかの厄介な状況が生じるだろう。この検査はその文書が関係基礎自治体に発送されるすぐ前に行われるだろう。若しもある機関又は予算保有者の決定

がこの財務管理者の査証発行権に属しているならば、契約は唯第三者によって財務管理者の承諾の査証についてだけ要請ができるだろう。最も早い時期に合意を見ることができる。この査証が基礎自治体の決定過程の要素であることは確かである。予算保有者の決定が契約当事者に認識されるや否やもはや第三者に査証を与えるとか求めるとか異議を申し立てるとかはできない。

　第1項の2では収税吏の現行の徴収事務に関する任務は財務管理者に託される。

　公認の徴収可能な税外債券の回収を考慮して財務管理者は差押え命令を出すことができる。このような差押令状は犯罪専門家によって送達される。

　首長と理事たちの理事会への報告は書面でも口頭形式でも行うことができる。殊によると財務管理者の書面の報告は彼若しくは彼女によって首長と理事たちの理事会にさらに詳しく説明されるだろう。完全な独立の報告は、その報告が命じられることについて彼若しくは彼女はとりわけ禁止又は制限しないということを意味する。

第95条
財務管理者は法律か命令によってか若しくは従って基礎自治体の収税吏に負託されている会計職員の諸任務を遂行する。併しながら財務管理者はこれらの諸任務が費用の支払の実施と資金管理に関わっている限りこれらは基礎自治体書記の権限の下に属する。

　特別法や命令によって又は従ってこれまで基礎自治体収税吏に若干の任務が付与されてきた。この職は本命令では廃止される。この規定は委任されたそれらの任務の遂行の解決を提供することを意図する。それは外部財務監査とか聴聞とは無関係である。それらの任務と関連する現金の支払いとか取立ては第86条に従って基礎自治体書記の責任の下で行われる。

第Ⅳ分節・管理団
第96条
どの基礎自治体にも管理団が存在する。

管理団は基礎自治体書記、財務管理者、基礎自治体副書記及び必要が生じた場合には組織図が管理団の一員の資格と結び付けている別の職務を遂行する職員たちから成る。

　本条は各基礎自治体において管理団が管理団の構成の規定を用意し決定しなければならないことを示す。

管理団の構成の規定は地方の解釈の余地を十分に残している。基礎自治体政府が自ら組織図を作成するので、管理団に所属する者も決定する。人はもちろん気ままに働き続けることはできない。管理団を真面目に取る人は、そのためにそれが最も重要な部局長の一員を構成するよう配慮する。若しも基礎自治体がその管理手段を賢明に利用するならばやはりこれらを最も重要な予算保有者たちであると認められてよい。

　さらに幹部以外の職員たち、例えば政策の準備と実施に大きな貢献をすることができる職員たちもその管理団に参加できなければならない。

　それゆえ第96条は最小限の構成、即ち基礎自治体書記、財務管理者及びその職を備える限り基礎自治体副書記を用意する。それに加えて基礎自治体議会は組織図に管理団の一員を含むその他の職務を決めることができる。

　その管理団はいずれにせよ公の機関の一つである。当然基礎自治体当局は管理団と例えば議会議員たちとの不定期の協議を計画することができるが、政治的受任者たちは管理団に加わることはできない。これは連携管理との関連で考慮されなければならない一要素である。

　基礎自治体書記が第87条第4段標に従って管理者と協議して組織図議案を作成することを考慮して、彼はこの管理団の構成について重要な助言任務を遂行するだろう。最初の構成では管理団は否応なしに最小限の法定構成からなるだろう。

　管理団にはその出席者の中へ正規の構成に加えて他部署の職員たちを任命せざるをえない。この者たちはその際管理団では審議投票権を有していない。大規模な執行部では基礎自治体書記と財務管理者に加えて調整役を管理団に加えるだろう。少し小規模な執行部ではこれらは部局長が、又非常に小規模な執行部では管理団はことによると最小限の構成となるだろう。その最後の場合には多分非公式に加わるだろう。

第97条
管理団は基礎自治体書記の主宰下で定期的に会合する。
　　基礎自治体書記は最高幹部として管理団を主宰する。
　　基礎自治体書記はそのために管理団議長として報告者を一人指名するだろう。

第98条
管理団は政策準備、政策実施及び政策評価において基礎自治体部局を支援する。管理団は、内部の連絡と併せて、基礎自治体部局の業務、組織の質及び活動におけ

る統一性を監視する。
　本条は詳しい説明は必要ない。

第Ⅲ節・内部統制
第99条 ｛原文には§1.とあるが§2.以下がないので省略｝
基礎自治体はその諸活動の内部統制に責任がある。
内部統制は本草案が以下について適切に保証するためにもたらした方法と手続の全体である：
1° 諸目標の達成；
2° 立法と手続の遵守；
3° 信頼できる財政と経営の情報の活用；
4° 資金の能率的節約的活用；
5° 資産の保護；
6° 詐欺行為の予防。

　本条において又殊によるとさらにその施行令において既に幾つかの検査項目が記載されているにもかかわらず、基礎自治体は自らも十分な点検制度が存在するように配慮しなければならない。
　執行部の'内部検査制度'（ICS）の概念は、その目標達成を考慮して組織の幹部によって練り上げられた調整された方法と手続の全体を含む。それゆえ組織の内部検査制度の中に我々は特に以下の手段と方法を見出す：即ち
　-- 直属の上司による直接監督；
　-- 行政組織（手続、方針、慣習、…）；
　-- 差額の説明責任を含む予算と財務の報告。
　第2項ではこの種の目的を意図した非網羅的な目録が提供される。それは基礎自治体ごとに異なるだろう。人はそのようなわけで他所の執行部の写しを入手することはできない。併しながら、そうだからといって彼が同様に障壁を越えて良好な実務経験が得られ着想を掴めると見られるのを防ぐことはできない。
　内部点検制度は何よりも管理を目的とするので内部点検制度自体はとりわけ戦略上且つ作戦上の目標設定の達成に焦点を合わせるだろう。併しながらやはりこれは監視されている目標を達成するのを妨げることはない。それはとりわけ政策の任務である。
　立法に関しては命令法律及び施行令といったような外部の立法ばかりでな

く、内部規則などの内規を意味する。それに加えて内部手続は尊重されなければならない。

信頼できる財政と管理の情報に関してはとりわけその情報が現実と一致するよう意図される。

資力は財源よりも広く、その上例えば信頼できる職員、資材、装備及び建造物に関わる。それはサービス提供能力と同義語である。これらはできれば無駄なく且つできれば効率的に利用されなければならない。

資産の保護に関しては投資物品を意味するだけでなく、資産の概念は非常に広く解されなければならない。

第100条

§1. 内部統制制度は基礎自治体書記によって、管理団との協議を経て確定される。それは基礎自治議会の承認に掛けられる。
内部統制制度は取られるべき職員たちの統制手段及び手続とそれらに責任のある職員たちの配分及び内部統制の制度に関係のある職員たちの報告義務を含めて、どのような方法で内部統制が組織されるかを定める。
§2. 内部統制は少なくとも基礎自治体部局の業務の継続性と両立できなければならず且つできる職務分離の原則と一致する。

内部点検制度の概念の説明については、第99条の説明に示されている。

内部点検制度は何よりも管理に関わるので、管理団との協議を経て基礎自治体書記により確定されることが選択された。この点で我々は組織の指導力によって内部点検制度が開設されるよう最重要な幹部たちに期待しなければならない。他方これは基礎自治体にとって極めて重要なので政策の優位性を奪われないことが選択された。この優位性は基礎自治体議会によってこの制度が承認されることによって達成される。

併しながらこの承認は基礎自治体書記の責任を減らせるようなものではない。この承認は基礎自治体議会の基礎自治体書記への一種の監督と考えられる。若しも基礎自治体議会が開設された制度が承認できないと考えればその活動は基礎自治体書記によって破棄されなければならない。

点検制度はかなり頻繁に変更される活動的なものである。それは人がそのために絶えず基礎自治体に赴かなければならないことを意図するものではない。併しながら基礎自治体書記は少なくとも年に一度修正の承認を求めることを期待してよい。その時突き止められた不測の欠陥か新たな状況が修正によってとらえられるかについてこの方法を示すことが推奨できる。このやり

方では政治家自身はその政策の実行に内蔵された点検項目に着眼できる。

　第1段標の第2項では多かれ少なかれ内部点検制度で見つけられるようなものが指示される。

　第2段標ではとりわけ点検制度が財務管理者が支払えないようなものであることを詳述する。この職務分離はとても重要なのでこれが本議案の第86条と第163条で説明される必要があると考えられた。財務管理者に支払を委ねるのは「できる場合はいつでも職務分離の原則に」という規定に確かに違反することを意味する。

　「基礎自治体の活動の持続性と調和の取れた」という語句はとりわけ活動の内部点検と正常な活動の遂行の妨げとなりうる争いを解決する仕組みを用意しなければならないということを含む。

第101条

命令によってか若しくは基礎自治体議会によって別の諸機関か職員たちに委任される内部統制に関する任務と抵触せずに、基礎自治体書記は内部統制制度の組織と運営に責任がある。彼は毎年度それについて首長と理事たちの理事会と基礎自治体議会に報告する。

基礎自治体書記はさらに内部統制制度、さらにその修正について職員に通知する。

　本条は内部点検制度の実施について語る。

　職員たちに対して点検制度について知らされるように基礎自治体書記が取り計らうのは大切なことである。彼はこのために行政便覧かそれに代わるイントラネットを利用できる。

第Ⅲ編 – 職員

第Ⅰ章・適用範囲

第102条
本編は、第Ⅱ編第Ⅳ章にあるか或いは別の法令の諸規定によるか若しくは従って確定される特別諸規定の適用という条件付で、基礎自治体職員構成員たちに適用される。
補助金を支給されない基礎自治体の教育職員に対しては基礎自治体議会が、教育任務を考慮して、第105条§2に言及される法的地位の不適用を定める。この不適用は教育に関する諸命令と諸決定に従っていなければならない。

　　新基礎自治体法は現在ではもはや採用されていない若干の教授陣を提供していた。
　　新基礎自治体法第143条第1項は新基礎自治体法第3編の規定（の部分）の基礎自治体教授陣への適用を述べていた本議案の現行条文に類似の規定に関するものである。さらに新基礎自治体法は教授陣のための若干の特別な―異なる―規定を含む。第149条は基礎自治体議会に基礎自治体の教授陣を任命する専権を認めた。新基礎自治体法第150条以下は基礎自治体教授陣のために特別の教育規定に関するものである。
　　今後は基礎自治体教授陣は第102条第1項の一般的規定に服するが、その規定は本編の規定に従い教授陣を除いて全ての基礎自治体職員に適用される。
　　併しながらこれによって異なった本命令の諸規定が損なわれることはない。それゆえ補助金の対象となる基礎自治体職員たちに対しては、彼らは法的地位規則と補助対象となる研修生指導センターに関する1991年3月27日の命令の適用を受けているが、例えば制裁には異なる諸規定が適用されるだろう。
　　その上さらに基礎自治体議会は補助対象外の基礎自治体教育職員に対して教育任務を考慮して基礎自治体職員の法的地位規則について異なった決定をすることができるとはっきりと述べられている。これらの逸脱はもちろん命

令と教育に関する諸決定に従っていなければならない。

第Ⅱ章・職員採用計画と職員構成

第103条

§1. 基礎自治体議会は職員採用計画を確定する。職員採用計画は諸基礎自治体のサービス容量と業務量との関連で諸基礎自治体の職員採用を決める。それは情報の質も量も含む。

§2. 基礎自治体議会は職員採用計画を基に職員構成を確定する。職員構成は、上級庁の雇用対策を遂行する契約雇用関係に配置される職を除いて、関係する人数と種類の列挙を含む。

職員構成は、必要ならば一方では基礎自治体の職務に雇用される職員と他方では第104条§2に言及される執行部・会派職員との間に明確な区別をする。

　　　職員構成は基礎自治体が常勤職員需要を埋めるために必要とする全ての官職を含む。業務が急増の場合、例えば唯一度だけの博覧会とか展示会の開催は基礎自治体が現在既に構成以外に臨時職員を募集することができる。

　　　この可能性はもちろん契約に基づき引き続き存在する。それゆえ突然の唯一度の職員需要に対して構成内に一定の配分を準備する必要はない。もっともどのようにして配分が決められねばならないかはほとんど分かっていなかっただろう。それは一度だけの異例の職員需要に関わるので、あらかじめ見積もれないのは当然である。

　　　それゆえさらに上級官庁の雇用計画の実施において提供される契約上の職も職員構成には含まれてはならないと決められている。

第Ⅲ章・職員の法的地位

第Ⅰ節・一般諸規定
第104条
§1. 基礎自治体職員は法定の雇用関係にある職員たちから成る。
§2. §1に抵触せずに契約関係にある職員たちは以下のために雇用されることができる：
1º 暫定的な限定的行為によってか、若しくは業務の一時的な増加によって職員の異例且つ例外的な欠員を埋める；
2º 代理が必要となる不在の期間中に限り彼らとは無関係か唯パートタイムに就いているだけの職員たちと交代する；
3º 追加されたか特殊な業務を遂行する；
4º 別の政府によって補助される諸活動のための職員採用を満たす；
5º 主に別の市場関係者との競争の中で行われる諸活動のための職員採用を満たす；
6º 高水準の知識と経験を必要とする諸業務を用意する。
§3. フラーンデレン政府が定める範囲内で、基礎自治体は首長か理事たちの執行部若しくは基礎自治体議会内の諸会派の職員要求に対応するために契約関係にある職員を採用することができる。これらの職員は状況に応じて執行部若しくは会派の職員と呼ばれる。
フラーンデレン政府は執行部と会派の職員の採用若しくは犯罪防止のための細則を確定する。
　　　本条は詳しい説明は必要ない。

第Ⅱ節・法的地位規則
第105条
§1. 基礎自治体議会は職員の法的地位規則を確定する。
§2. 法令上の雇用関係にある職員のための法的地位規則は少なくとも以下を定める：
1º とりわけ指定された能力要求と職務要求を考慮して職員構成員たちの俸給と給料体系；
2º 特別手当と補償の承認；

3º 採用と昇任の条件と手続；
4º 欠員と見習期間の公表；
5º 職務の性質を考慮した評価、評価者の指名方法、対応する手続、それらの周期性と法的影響；
6º 職員たちの経歴と内部異動の体制；
7º 就任宣誓に加えて公務員たちの行政上の地位と年功序列；
8º 就業時間、休暇及び欠席；
9º 兼職不能、及び公職か民間職務の累積に対する諸制限と諸条件；
10º 懲戒制度の細則；
11º 基礎自治体の職に既に就いている法定の職員に関する新たな諸規則の適用可能性。

§3. 法的地位規則は委任制度を用意できる。

　　本条の第1段標は詳しい説明は必要ない。

　　第2段標は基礎自治体の職員の法的地位規則において最小限規定されなければならない基礎自治体職員の法的地位の諸様相を要約する。それは最小限以下のとおりである；基礎自治体はこれに必要に応じた諸様相を付け加えることができ、フラーンデレン政府は必要に応じて追加の諸様相を課することができる。

　　考えうる委任制度の採用は既に一般的説明において詳しく説明されていた。

　　この段標の5º は本章の第Ⅴ節の諸規定及び職員の評価に関しては第113条〜第115条と一緒に読まれなければならない。

　　7º で言及されている行政上の地位の下では免責制度も含まれる。

　　本段標の11º は基礎自治体が新たな基礎自治体の法定の職員の法的地位規則の発効の誘因となる経過規定を決めることに対して責任があることを指示する。

　　第2にこれらの様相の幾つかに対しては基礎自治体がそれを使って内容について関連のある諸様相を満たさなければならない根拠に基づき基準が設けられる。これらの基準はフラーンデレン政府によって第116条に従ってさらに詳しく記述されるだろう。

　　その上列挙される様相の若干についてはさらに詳しく既述される予定の根拠規定が作成される。

　　国務院の助言に従って公務員の資格と役職の喪失に関して12º が付け加えられる。本議案の若干の規定は免職（第76条§2の第1項、及び第106条第

1項）と正規の退職（第120条の4º、及び第134条第2項）についてやはり明示している。

　念のため我々は公共社会福祉センターに関する1976年7月8日の組織法第42条の適用が、公共社会福祉センター職員が基礎自治体職員として同じ行政上及び財政上の地位を有していることを暗示しているといえる。併しながらこの規定から財務管理者に関する基礎自治体令の新たな諸規定の全てが自動的にやはり公共社会福祉センターの収税吏に適用されるだろうと推定されてはならない。

　この財務管理者の職務はそのままさらに公共社会福祉センターに引き継がれてはいない。その自動性がもう一度働き始めるのは同じ意味で公共社会福祉センター法が適用されるときだけである。

　第3段標では§2が、7º、10º、11º及び12ºを除いて、類推により契約関係にある職員たちの法的地位に適用されると言明される。

第Ⅲ節・職員の任命、罷免及び宣誓
第106条
首長と理事たちの理事会は、法令によるか若しくは従って基礎自治体議会に権限が委任されている場合を除き、職員たちの任免の権限を有する。
首長と理事たちの理事会は、この権限の行使を基礎自治体書記に負託できる。場合によっては、基礎自治体書記は委任された権限を別の基礎自治体職員たちに負託することはできない。
第77条に抵触せずに基礎自治体職員たちは基礎自治体書記の手中で以下の宣誓を行う：「私は私の任務を果たすことを誓う。」宣誓の拒否は任命の放棄に該当する。

　　本条は詳しい説明は必要ない。

第Ⅳ節・義務論的権利と義務
第107条
§1. 職員たちはその任務を忠実且つ方正に遂行する。
職員たちは基礎自治体の任務と目標の実現のために精力的且つ建設的な方法で従事する。
§2. 職員たちは個人の人格の尊厳を尊重する。

　　本条は詳しい説明は必要ない。

第108条

§1. 職員たちは彼らがその職務によって知り得た事実に関して第三者について発言権を有する。

開かれた政府に関する諸規定の適用という条件付で以下に関係のある事実の公表は禁止されている：

1º 国家の安全；

2º 公序の保護；

3º 政府の財政上の諸利益；

4º 刑事事件の予防と処罰；

5º 医療上の秘密；

6º 商業の、知的及び産業資料の秘密性；

7º 協議の秘密性。

それらの公表が市民の権利と自由とりわけプライバシーを侵害するとすれば、彼又は彼女に関係のある資料を公表するのを認めていなければ、事実の公表は禁止される。

本段標はさらにその職務に宣誓した職員たちにも適用される。

§2. その職務の遂行を怠ったか、濫用したか若しくは犯罪を犯したことが確定した職員たちは、直ちにこれについて上級者に報告する。

　　　本条は詳しい説明は必要ない。

第109条

§1. 基礎自治体職員たちは彼らのサービス利用者たちを親切に分け隔てなく扱う。

§2. 基礎自治体職員たちは、その職務以外でも、直接でも仲介人を通してでも、その職務に関係のある報酬か若しくは利益以外の何かを要求するか請求するか又は受領してはならない。

　　　第109条§2の規定は職権濫用に至るか又は職権濫用を引き起こす可能性のある全ての行状を監視する。それは市民へのサービスの提供は原則として無料であり、無料とは見返りの謝礼がないということも含む。それは例えば司法試験への協力のような専門的技術や知識の当然の結果として成り立つ副業ではない。

第110条

職員の地位は職員自身か仲介人を通してか遂行されるが、そのため以下となるいかなる活動とも両立しない：

1º 職務上の諸義務が果たせない；

2º その職務の尊厳が保てなくなる；
3º 彼ら自身の自立性が損なわれる；
4º 利益紛争が生じる。

これらの利益相反の一般的事例は本命令が提供する利益相反の特殊的事例と併せて読み取らなければならず（例えば基礎自治体書記、基礎自治体副書記及び財務管理者についての第78条を見よ）、これらは本命令の第116条に従って基礎自治体の法的地位規則によってか又はフラーンデレン政府によって課せられることができる。

第111条
§1. 職員たちはその職務の遂行に役立つ様相に関しても昇進欲求を満たせるためにも情報と研修を持つ権利がある。
§2. 職員たちは専門的に担当させられる諸事項と新たな洞察の展開に立ち遅れてはならない。
§3. 研修は若しも職務のよりよき遂行に必要ならば若しくはある部局の役目を果たすならば、或いはある部局の再建か再編、又は新たな作業方法と社会基盤の一部を構成するならば責務となる。

本条は詳しい説明は必要ない。

第112条
基礎自治議会は基礎自治体職員の倫理綱領を確定する。これは本節の諸規定を具体化し、付加的な倫理上の権利と義務を記載できる。

本条は詳しい説明は必要ない。

第Ⅴ節・職員の評価

第113条
評価はそれによって職員が役目を果たす方法について所見が述べられる手続である。

本条は詳しい説明は必要ない。

第114条
法的地位の諸規定における評価の影響の細則に抵触せずに基礎自治体書記は必要ならば評価についての協議後に職員が職務に関わる方法を改善するために適切な方法を取る。

評価は、その法的帰結を含めて、さらに基礎自治体議会によって法的地位規則に規制される（第105条§2の5º）。基礎自治体書記は、基礎自治体職員

の長として（第86条第2項を見よ）、評価の結果として職員の職務の改善のために必要な限り措置を講ずることを任される。

第115条
基礎自治体載職員たちは職務のレベルで評価される。
併しながら基礎自治体書記、基礎自治体副書記及び財務管理者は第39条§3に従って構成される基礎自治体議会の特別委員会によって評価される。同委員会は基礎自治体議会議長によって主宰される。この評価は外部の人事政策専門家によって作成された準備報告、及び首長と理事たちの理事会の報告を基に行われる。可否同数の場合は、関係職員は条件を満たしたと見なされる。

　　　第1項に関してはいずれの職員が評価に責任を持つかを基礎自治体の法的地位規則が定めることが述べられなければならない。フラーンデレン政府はそれについてさらに詳しい規定を設けることができる。

　　　第2段標に言及されている基礎自治体議会の委員会は、その委員長職を除いて、他の基礎自治体議会諸委員会に適用される諸規定に従う。評価は個人のプライバシーに触れる問題なので、この基礎自治体議会委員会は第35条§2と一緒に読まれる第39条§2に従って常に密室で会合するだろう。

第Ⅵ章・更なる実施方法

第116条
§1.フラーンデレン政府は以下について最小限条件を確定する：
1º 職員採用計画；
2º 職員構成；
3º 職員の法的地位規則；
4º 委任制度の適用。
§2.フラーンデレン政府は職員の内外の異動のために必要な手段を取る。

'外部への異動'については第2段標で種々の官公庁（基礎自治体、公共社会福祉センター、基礎自治体間協力、県、フラーンデレン共同体、フラーンデレン地域圏、VOI's、連邦政府、…）の職務間及び公共部門の残りのものの異動について述べられている。内部の異動に関しては第105条§2の6ºで十分である。6ºの項目が、フラーンデレン政府が基礎自治体内の内部異動に関して最小限の諸条件を確定することを既に含意している。

委任制度に関する最小限の諸条件はとりわけ支払に関する最小限の必要条件と委任終了後の元の地位の提供とを含むだろう。さらに委任職への任命の期間は基礎自治体議会がそのために選出される6年の期間とは連結されることはできないだろう。

この規定に基づきフラーンデレン政府によって取られる方策はもちろん他の政府の権限を尊重しなければならない；それゆえフラーンデレン地域圏か又はフラーンデレン共同体の所管しない政府に義務を課すことはできない。

第Ⅴ章・行政監督に関する特別規定

第117条
§1.第252条から第260条に従って法律違反のためか若しくは全体の利益に反するために休業か閉庁にする監督官庁の権限に抵触せずに、長期計画の財政報告に関して財政的な実現可能性が明らかにされていなければ県知事は職員構成の確定若しくは修正の決定の実行を中止する。
県知事は修正されなかった部分がなお関連ある方法で実行可能という条件で決定の一部乃至それ以上の中止を制限できる。
§2.中断の場合は、フラーンデレン政府が§1で言及されたその場合の職員構成の確定か修正を決定する慣例の若しくは正当化された決定を無効にする決定をするという条件で第256条が適用される。
フラーンデレン政府は修正されなかった部分がなお関連ある方法で実行可能という条件で決定の一部乃至それ以上の中止を制限できる。

この規定はフラーンデレン政府のために、2002年7月15日の命令の第4条によって取って代わられたような基礎自治体への行政監督の規制を含む1993年4月28日の命令の第6条で定められるような特別な仕組みと連結する。

併しながらその上さらに唯職員構成の強制的な一時停止の場合、即ちそれについて長期計画を考慮した財政上の実行可能性が明らかにされない場合（置き換えられた1993年の命令の現行の第6条§1の3ºを見よ）だけ維持される。この停止の根拠という表現は本命令において使われた術語に適用された。

1993年4月28日の命令の上述の規定はさらに強制的停止の第4仮定、即ち「これらの職員の職務が権限のある交渉委員会において締結された地区協定違反を含む場合」に提供された。基礎自治体によるこれらの協定の（強制的な）諸規定の遵守を強制できる必要性はこれらの規定をフラーンデレン政府の諸決定の中へ置き換えることによって認められるだろう。それならこれらの規定に関する職員構成の見直しは通常の適法性の監督の範囲内で可能となる。第255条と第256条に違反して、本条は停止が必要な場合にだけ関係があるということに注目すべきである。第256条は停止の後の多様な起こりうる法的影響を予知する。基礎自治体議会は100日以内に正当化するか又は

修正した決定を転送したならば、フラーンデレン政府は 50 日以内に取消できるということが本条において決められている。この規定に従った取消は随意である。

　契約雇用関係にある基礎自治体職員の構成員たちの懲戒に関する諸規定の適用は連邦事項が機構改革特別法第 6 条 §1 のⅥの 12º に従っている労働法とは利益相反となる。それにもかかわらず契約職員に対する独自の懲戒制度は基礎自治体の法的地位規則に入れるのは可能だが、その際もちろん連邦労働法を侵害することはできない。

第Ⅵ章・規律

第Ⅰ節・適用範囲
第118条
本章は契約雇用関係の職員たちに適用される。

第Ⅱ節・規律違反
第119条
職責に何らかの欠陥を生ずるか若しくは職務の尊厳を損なういかなる行為若しくは振舞も、法的地位規則に違反するのと同様、規律違反であり、懲戒罰を課する誘因となり得る。

　新基礎自治体法は懲戒罰が特定の職員たちによる若干の禁止規定違反のために課せられることができると規定する。これらの独自の禁止規定への言及は本議案においては全ての法的地位規則違反に対する犯罪に代えられる。累積制限も以下に含まれている。

第Ⅲ節・懲戒罰
第120条
以下の懲戒罰が課せられることができる：
1º 叱責；
2º 給料の支払停止；
3º 停職；
4º 免職。

　本議案では新基礎自治体法と比べて予知される懲戒罰の数が制限されている。

　懲戒罰の'警告'と'譴責'は法律が現在予知している二つの軽微な刑罰だが、懲戒罰の'叱責'に代えられる。懲戒罰の'警告'と'譴責'は道徳的刑罰であり、それによって当事者がその行状が非難されることに気付かされ、今後自ら正しく行動するよう促される。二つの刑罰の唯一の違いは今のところその中で譴責の方が警告よりも重いと考えられていること、並びにこの二つの異なった用語は取消に関して使われることにある。この最小限の違いについてはもはや今では違いを保つのは時宜を得ていない。さらに'叱責'罰

の採用は連邦とフラーンデレンの人事法令の規定に適合している。

　‛等級の格下げ'の懲戒罰は廃止されるだろう。等級の格下げは極稀にしか宣告されていないし、等級の数が限られている基礎自治体ではとりわけ問題が起こる。さらに解雇の懲戒罰はそれと連動する年金受給権の喪失が過酷すぎるためにもはや想定される意向は示されなかった。公務員は彼自身が政府に対して勤務していた年限の公的年金の受給資格があると要求できなければならない。併しながら1844年7月21日の法律の第50条では年金受給権の喪失はこのようなものとしての解雇と連動しないし、極めて過酷な懲戒罰であることを明らかにした。解雇の懲戒罰を廃止しても公職解雇の場合の年金喪失には至らないという意向は明らかである。その点に関する法的危険を避けるために、唯この理由だけで解雇の懲戒罰は暫定的に残される。併しながらその意図は1844年7月21日の法律において前述の連邦の規制の修正を目指して努力することにある。その法律の修正後の命令の最初の続く修正では折よく懲戒罰の解雇を削除している。それは職員たちが現在は命令だけに含まれる彼らの年金受給権の喪失を免れるどのような価値も失われるからである。

第121条

§1. 給料の支払停止の懲戒罰は6か月を超えてはならない。それは年間給料総額の20%以上支払停止となってはならない。

§2. 基礎自治体は当事者に法定の生活給水準に等しい手取りの給料を保障する。パートタイマーの場合はその総額は業績の度合に比例して算出される。

　実行できる懲戒罰の数が限られているために、それにもかかわらず刑量に十分な差が付けられるように、給与の支払い停止と停職の最大限期間が（新基礎自治体法において）3か月から6か月に延長される。

第122条

§1. 停職は最大限6か月宣告される。停職は、それが続く限り、給料の喪失を伴う。

§2. 基礎自治体は当事者に法定の生活給水準に等しい手取りの給料を保障する。パートタイマーの場合はその総額は業績の度合に比例して算出される。

　前条の解説を見よ。

第Ⅳ節・懲戒当局

第123条

任命当局は懲戒当局として行動する。

首長と理事たちの理事会が第106条に従って職員たちを任命する権限を行使する場合には、負託される基礎自治体書記は首長と理事たちの理事会によって任命される職員たちに対する懲戒当局として委任後に確定するかそれについて知るようになった事実に関して行動することになる。
基礎自治体議会はその構成員たちの中で懲戒委員会を設置でき、それは基礎自治体議会の懲戒機関となる。
懲戒委員会は基礎自治体議会委員会の構成に適用される諸規則に従って構成される。

　　本議案では新基礎自治体法の複雑さが取り除かれ、それによって所管の懲戒当局が最終的な懲戒罰のために定められる。

　　懲戒当局の条件を満たすのは本議案では当該職員を任命した当局である。これは首長と理事たちの理事会、基礎自治体書記又は基礎自治体議会である。

　　職員任命権の委任はまた懲戒権限の委任も含む。若しも例えば理事会が職員の任命に関する権限を基礎自治体書記に委任するならば、同時に基礎自治体書記は既に以前に理事会によって任命されていた職員たちに対しても懲戒に関して権限を持っていることになるだろう。懲戒権の個別の委任は除かれる。

　　これからは基礎自治体議会は唯限られた人数の職員たちだけに対する懲戒当局として行動することになろう(例えば基礎自治体書記に対して)。この基礎自治体議会の免除は懲戒手続の簡略化にとって極めて重要である。基礎自治体議会にとっての懲戒手続は、招集や投票方法といったそれに適用される正規の要件に関連して、非常に重要であり、例えば手続の欠陥によって引き起こされる濫用の誘因となりうる。

　　実行可能なので基礎自治体議会は懲戒委員会を内部に設置し、それが基礎自治体議会の懲罰権を行使する。

第Ⅴ節・懲戒手続
第124条
§1. 懲戒当局は懲戒の調査を行う。懲戒調査が完了されれば懲戒当局は少なくとも請求された事実を含む懲戒報告書を作成する。懲戒当局は請求された事実に関する全ての文書を含む関係資料を作成する。
§2. 基礎自治体議会が懲戒当局として行動する場合には基礎自治体議会議長か基礎自治体書記に懲戒調査、懲戒報告書の作成、関係資料の編纂を担当させる。

§3. 首長と理事たちの理事会が懲戒当局としての基礎自治体議会として行動する場合には懲戒調査、懲戒報告書の作成、関係資料の編纂を基礎自治体書記に担当させる。
§4. 基礎自治体書記が懲戒当局として行動する場合には懲戒調査、懲戒報告書の作成、関係資料の編纂を管理職員に担当させる。

 本条は詳しい説明は必要ない。

第125条
懲戒罰は職員と、必要ならば、顧問弁護士が、自分に対する告発の全ての案件について、弁護の手段として懲戒権により聴聞される機会が与えられた後でだけ課せられる。

 本条は詳しい説明は必要ない。

第126条
当事者はその選任した顧問弁護士によっていつでも支援され、代理してもらうことができる。

 当事者はその選んだ弁護人によって支援されるだけでなく、代理を務めてもらうこともできる。
 その対象となる助言者は必ずしも弁護士でなくてよい。

第127条
§1. 聴聞の前に職員は懲戒報告を知らされ、懲戒資料の写しが、必要ならば彼と顧問弁護士に送付される。
§2. 懲戒当局は職務上、職員かその顧問弁護士の要求で、聴聞を行える。その場合には当事者かその顧問弁護士が出席して証人の聴聞が行われる。
§3. その聴聞は、証人が聴聞される法廷と同様に、非公開である。
§4. 懲戒当局はその選任した顧問弁護士によって、審議と投票を除いて、いつでも支援してもらえる。

 本議案では、当該職員が自らはっきりと要求しない限り、聴聞や、さらにそこで証人が聴聞される会議への出席も、一般公開もされない。
 公開は想定される国務院の取消手続によっていかなる場合も保証され、その結果完全にヨーロッパ人権協定の指針内に限られるが、その協定は少なくとも当事者の請求で上訴手続によって保証されなければならないことを要求する。

第128条
当事者は書留郵便か受取証明と引き替えに懲戒当局の決定を知らされる。決定通

知では第Ⅷ節に記載されている上訴の可能性とそこに記載できる期限に言及する。
　本条は詳しい説明は必要ない。

第129条
フラーンデレン政府は上訴方法、証人聴聞、懲戒関係資料、協議と決定を含む期限と手続細則を確定する。
　本条は詳しい説明は必要ない。

第Ⅵ節・懲戒請求の時効
第130条
§1.懲戒当局は懲戒当局による関係事案の確定若しくは調査後6か月の期限の経過後にはもはや懲戒手続に着手することはできない。
§2.同様な事案と連結して犯罪調査が、懲戒当局から確定判決の効力を持つか若しくは犯罪調査が続けられないという決定が宣告された通知を受ける日まで司法当局によって§1の期限が中断される。
§3.その犯罪調査は懲戒当局の懲戒宣告のための懲戒権能力に由来するものではない。
§4.懲戒が取り消される場合には、懲戒当局は無効を知った日から、§1で言及された部分の訴追中に少なくとも3か月の期間内に訴追の再開ができる。
懲戒が無効とされる場合には、懲戒当局は無効を知った日から、§1で言及された部分の訴追中に少なくとも3か月の期間内に訴追の再開ができる。

　　　懲戒請求の開始はそれによって懲戒当局が懲戒の審査を始める決定をすることを意図する。国務院の所見に従ってこれは第130条§1に以下の文言を付け加えることによって明らかにされた：「懲戒手続は懲戒当局が第124条において意図するような懲戒の審査を始める決定をすると同時に開始されると見なされる。」。
　　　第3段標は新基礎自治体法第317条第2項の諸規定の内容を再掲する。さらに新基礎自治体法の適用の下で刑事訴追に関する最終決定の通知の後で時効期限が進行し、刑法上の手続の最中に懲戒請求が行われるのも懲戒罰が宣告されるのも妨げられないという状況が承認される。それに従って「犯罪は懲戒そのものと見なす」という一般的法原則がないのは確かである（例えばR.v.St.、Golinveau、98,172号、2001年8月7日）。
　　　さらに国務院の助言に応じて第3段標では若しも科された懲戒罰が後に当該職員は懲戒当局での審査の後60日以内に課された懲戒罰の取消を求める

ことができると定められている。

第Ⅶ節・予防停職
第131条
職員に対して司法上か懲戒規定上の調査を行い、在席がその部局の利益と相容れない場合には、懲戒当局はその職員に秩序維持方策によって停職を予防でき、給料の支払停止をしないで支払うことができる。法定の生活給水準に等しい手取りの給料を保障する。

　　　新基礎自治体法の場合には、懲戒当局は本議案では予防的に一時停止する権限が付与されている。懲戒当局はこれが俸給の支払い停止を伴って行われるか否かを決めることができる。

第132条
§1. 予防停職は最大限4か月宣告される。刑事調査が進められる場合には、予防停職を当局は、その職員が予め聴聞されるという条件で、刑事手続期間に限り最大限4か月の期間以上に延長できる。

§2. 上述の期限内に懲戒罰が課せられない場合には、予防停職の影響はなくなる。
　　　本条は詳しい説明は必要ない。

第133条
§1. 職員に対して司法上か懲戒規定上の調査が進められる場合には、予防停職を宣告する懲戒当局は、その職員が予め聴聞されるという条件で、給料の支払停止を決定する。

§2. 給料の支払停止はその半額以上になってはならない。
基礎自治体は当該職員に法定の生活給水準に等しい手取りの給料を保障する。
パートタイマーの場合にはその総額は業績の度合に比例して算出される。

　　　新基礎自治体法に記載されている昇進要求を却下する可能性は本議案ではもはや用意されていない。

第134条
懲戒当局が、給料の支払停止を伴う予防停職に関して、懲戒罰を課すか懲戒叱責を課すことができない場合は、懲戒停職は取り消されて基礎自治体は支払を停止した給料を支払うことになる。

懲戒当局が、給料の支払停止を伴う予防停職に関して、給料の支払停止、停職、正式の免職の懲戒罰を課すか懲戒叱責を課す場合には、懲戒罰は予防停職の開始の日から有効となる。その場合には停職中支払停止された給料の総額は懲戒罰と連

動した給料の喪失の金額から差し引かれることになる。差し引かれた給料の金額が懲戒罰と連動した給料の喪失の金額を超える場合には、基礎自治体は差額を支払うことになる。

　　本条は詳しい説明は必要ない。

第135条

§1. 懲戒当局は、予防停職について給料の支払停止をするかどうかを決定する前に、当事者に聴聞する。

§2. 緊急の場合には懲戒当局は、予防停職についての、そして給料の支払停止についての宣告後8日以内に、当該職員に聴聞する責任を伴って、給料の支払停止を伴う予防停職を直ちに宣告できる。予防停職は、当該職員が聴聞されてから15日以内に承認されなければ期限切れとなる。

　　新基礎自治体法に従って懲戒当局は緊急の場合には直ちに予防停職止を宣告し、当事者に「遅滞なく」聴聞しなければならない。法的保証のために本議案では8日間の期間が用意されている。さらに予防的停職は当事者が聴聞された後15日以内に確認されなければ撤回される。

第136条

フラーンデレン政府は期限と手続細則を確定する。

　　本条は詳しい説明は必要ない。

第Ⅷ節・上訴

第137条

フラーンデレン政府は地方行政部の懲戒罰のために委員会を目標にし、この後で懲戒委員会と命名した。

　　本議案では地方自治体懲戒処分委員会が新設され、それは全ての基礎自治体の懲戒の決定のための上訴機関としての役割を果すだろう。これによって懲戒に関する上訴手続は目下フラーンデレン地域圏については1991年7月24日の命令によって規制され、基礎自治体職員については懲戒・秩序手段に関する行政監督行為は切り離されて（1991年8月29日ベルギー法令全書）、統一のために基礎自治体令に統合された。

　　1991年7月24日の命令に従って警告と譴責の懲戒罰を科する基礎自治体当局の決定に対しては当事者によって県知事に上訴できる。俸給の支払い停止、停職、降級、辞職、解雇及び予防的停職の懲戒罰を科する基礎自治体当局の決定に対しては、当事者はフラーンデレン地域圏に上訴することができ

る。本議案ではもはやこの区別は付けられない。上訴権限は地方自治体の懲戒処分については同委員会に統一的に移管される。

第138条
懲戒委員会は行政機関である。フラーンデレン政府はその職員の構成、業務及び給料を定める。

 地方自治体懲戒処分委員会は行政機関であって従って行政裁判所ではない。それは地域圏レベルで設置される。地方自治体懲戒処分委員会の構成には懲戒に関する専門家が求められるだろう。

第139条
懲戒罰か停職の賦課の決定から30日以内に職員はこの決定に対して書留郵便で懲戒委員会に上訴できる。停職の場合を除いて、上訴は決定を中断する。

 本条は詳しい説明は必要ない。

第140条
懲戒委員会は当該職員と懲戒当局及びそれらのそれぞれの弁護士に聴聞される機会が与えられた後でだけ決定できる。これらの聴聞は非公開である。

 本条の説明には本議案の第140条の説明が参照される。

第141条
懲戒委員会は改革の権利を持っている。

 改正権限は訴訟そのものについての意思決定権が上訴において地方自治体懲戒処分委員会に移管されることを意味する。これは手続きの何らかの欠陥若しくは欠陥のある理由が上訴において調整されることができるのを意味する。

 この改正権限はまた必要があれば懲戒罰を過重する方向を進めることもできる。

第142条
懲戒委員会は懲戒関係資料の受領の日から60日以内に上訴を宣告する。それにもかかわらず同委員会は、若しも期限切れの前に、懲戒当局と当該職員に延長された期限内にだけ決定できるということを知らせているならば、最初の期限を60日まで延長できる。

 1991年7月24日の命令に従って基礎自治体当局は上訴機関に、完全な懲戒関係書類と併せて、全ての懲戒決定を送達する義務を負う。この義務はとりわけ厄介であり、しばしば余計なことと感じられる。本議案ではもはや報告義務とは考えられていない。唯実際に上訴が提出されたときだけ、基礎自

治体当局は地方自治体懲戒処分委員会に転送することになる。

　上訴の取得の代わりに懲戒関係書類の取得から始める懲戒処分控訴委員会による宣告の期間が選ばれる。このようにすれば若干の場合には宣告を行う期間が劇的に短縮される。

　本条でいわれる期間は審議の期間である。併しながら懲戒処分控訴委員会は宣告する義務がある。予防的停職の場合以外は上訴は懲戒当局の決定は停止され、懲戒処分は執行されることはできない。

第143条
フラーンデレン政府は手続細則を確定する。

　本条は詳しい説明は必要ない。

第Ⅸ節・懲戒の削除

第144条
懲戒叱責、給料の支払停止及び停職は職員たちの個人的関係資料から、叱責については1年、給料の支払停止については3年、停職については4年の期限経過後に削除される。これらの期限は懲戒罰が懲戒当局によって宣告された日、若しくは上訴が、第139条に従って書留で送られたならば、懲戒委員会の宣告の日から進行する。削除は将来についてだけ有効である。

　新基礎自治体法の規制とは対照的に本議案では、職員の人事記録から自動的に除去された一定期間の後では、もはや取消却下、叱責（すなわち新基礎自治体法における警告と譴責）及び俸給の支払い停止ばかりでなく、停職の権能も持っていない。

第Ⅳ編 – 計画と財務管理

第Ⅰ章・一般諸規定

第145条
基礎自治体の会計年度は1月1日に始まり同年の12月31日に終わる。
　　　本条は詳しい説明は必要ない。

第Ⅱ章・戦略上重要な長期計画

第146条
§1. 基礎自治体議会選挙の次の年の年末前に且つ次の財政年度のための予算についての協議の前に、基礎自治体議会は長期計画を確定する。この長期計画は戦略上重要な文書と財政文書から成る。それは基礎自治体議会が選挙された全期間に及び、その確定の日から算定される。
§2. 戦略上重要な文書には内外で実施されるための政策目標の命題及び政策の選択が相互に調整され統合されて表現される。
§3. 財務文書にはいかにして財政バランスが維持され戦略上重要な文書の政策選択の財政的影響が表現されるかが明らかにされる。

　　　本条の第1段標に従って基礎自治体だけが基礎自治体議会選挙の次年度末より前、次の会計年度のための予算審議の前に長期計画を策定しなければならない。実際にはそれ以前の日付にすることは考慮されない。若しも現職の連合が次期6年間引き続き留任するならば長期計画は既に新たな執行部の任期開始以前に開始されることになろう。

　　　公選の立法部にあっては基礎自治体議会選挙が6年毎に10月の第2日曜日に執行されることを維持し続けることになろう。

　　　本条の第2及び第3段標では戦略的且つ財政的解説の内容の明細な記述がフラーンデレン政府によってさらに詳しく述べられることになる。(さらに第179条を見よ)。

第147条
基礎自治体議会は長期計画を必要ならば毎年四半期の間隔で調整し、次の会計年度の予算について協議する。

基礎自治体議会が選出される6年の任期の最終年度の調整は随意である。

基礎自治体議会は長期計画が関わる期間を考慮に入れる。基礎自治体議会が選出される6年の任期から財政文書は少なくとも現在の財政年度の後の3年に対する影響を記述する。

　　　立法部の最終年度には長期計画の更新が行われる。結局若しも別の多数派によって次期の執行部の任期が交代されるならば退職する連合が計画を策定する意味がなくなるだろう。

　　　この規定の第3項からは基礎自治体議会がそのために改選される6年の残

存期間についての前条によって実質的な諸条件を満たすように戦略的財政的両面の解説が毎年度修正されなければならないということになる。財政的解説のためにこの6年の期間の最後の年度には年度補正はやはり次の3会計年度のための更新を含むことが規定される。従って財政的解説はその補正から少なくとも次の6年の期間の二つの会計年度の財政計画を受け入れていなければならない。当然どちらもその次の6年の期間に対して新基礎自治体議会の政策特権をそこなうことはない。

　本条の第1段標は詳しい説明は必要ない。

　若しもこれまで存在した連合が継続せず、その会計年度に活動を開始した新たに選出された機関が政策特権を担う可能性があるならば、6年の期間の最終年度には政策通牒を含む年度予算の義務的決定はほとんど無意味である。従って第2段標は新たに選出された基礎自治体議会によってその第1会計年度の第1四半期に新たな6年の期間の会計年度の最初の完全な会計年度のための予算が決定できることを規定している。新たな6年の期間の長期計画がまだ決定されていないので、この予算は長期計画に基づくには及ばない。現職の連合が次期の執行部多数派を形成する予定の場合には、ことによると既に新たな執行期間の初年度の前の最終四半期に予算が策定されているかも知れない。

　本条の第3段標は予算に関する新基礎自治体法第99条の§2に規定されている内容を再掲する。

第Ⅲ章・予算

第148条
§1. 各財政年度の開始の前に基礎自治体議会は長期計画を基に基礎自治体の予算を確定する。
§2. 第1段標に反して基礎自治体議会は基礎自治体議会が選出される6年の任期の第1全会計年度の予算をその会計年度の第1四半期の経過中に確定できる。6年の任期の第1全会計年度の予算は長期計画には適合しない。
§3. 基礎自治体議会は予算全体について投票する。併しながら各基礎自治体議会議員は自分が指定する予算の一部かそれ以上の部分について個別の投票を要求できる。その場合は、全体に関する投票は、一部又はそれ以上の部分についての投票の後で初めて行われる。全体についての投票はその後でどの基礎自治体議会議員も個別に投票するのを望まない部分について、且つ個別の投票で既に採択されている部分についてだけ関わる。

第149条
基礎自治体の予算は政策文書と財政文書を含む。

> 本条ではNOB｛総運営収支、Net Operating Balanceか？｝で用いられているような用語法は意識的に避けている。そこでは予算という概念の下では財政文書にのみ含まれる（公共福祉センター法第87条）。NOBにおいては予算の財政文書と政策文書とが相互に結び付いていることが余り重視されていない。従って本命令では予算という概念には両要素を含むと解することを決めた。第150条に抵触することなく内容の概念定義付けはフラーンデレン政府によってなされるだろう（第179条）。

第150条
政策文書は基礎自治体がその会計年度中に政策目標の命題を実施し具体化する予定の政策を表現する。財政文書は基礎自治体の財政状況の説明を含み、財政文書との関わりを表現する。

> 政策文書はときには予算についての年次説明を基礎とする。執行部が既に現代的な政策を実施する手段として年次説明を利用することは多い。政策文書は決して長ったらしい無味乾燥な書物であってならないばかりでなくどのような成果が計画されるか及びどのような管理資源（金銭、職員、建物、…、若しくはもっと一般的には潜在的サービス提供）がこれらの成果の達成のた

めに必要となるかを具体的に詳述しなければならない。費用、収入、支出及び受領といったこれらの資源のさらに詳しい記述は財政文書で行われることになる。
第151条
§1. 財政文書は少なくとも運営予算、投資予算、及清算予算を含む。
§2. 運営予算は全ての期待される費用と収益を含む。
以下の費用は個々の場合に運営予算に記載される：
1º 自らに対して宣告された法的な有罪判決の結果として返済しなければならない負債と同様に、基礎自治体の確定した請求可能な負債；
2º 関連する諸規則に従って、認可された礼拝所の関連組織に関する2004年5月7日の命令に言及された認可された礼拝所の地元の運営への基礎自治体の寄付；
3º 有効な諸規則に従って住居が提供されていなければ礼拝所の司祭の宿泊の補償；
4º 公共社会福祉センターに関する1976年7月8日の法律の第106条に記載されている基礎自治体の寄付；
5º 一警察管区に複数の警察管区に追加して含めるために二つのレベルで再建された統合警察業務を編成するための1998年12月7日の法律によって若しくは従って基礎自治体の負担させられる費用。
§3. 流動予算は基礎自治体の金の流れの財政計画である。
§4. 投資予算は支出と収益の、及び持続的な資産の購入、使用及び売却と結び付いた費用と収入の財政計画である。
流動予算は一つか若しくはそれより多い投資のパッケージから成る。若しもパッケージの1回分が予算の中で承認されるならば、それは投資が行われていなければ3年間留まる。投資が一度でも行われるならばその投資が最後に行われた年の後の会計年度の12月31日まで有効のままとなる。この期限は基礎自治体議会が承認する限り延長できる。

　　本条は財政文書が最小限どのような要素からなるかを示す。
　　第2段標の第2項は運営予算において重要な費用が記載されなければならないことを示す。多分このリストはフラーンデレン政府によって補完されることになろう。これは新基礎自治体法の第255条で言及されている列挙に取って代わる。
　　第4段標の第1項における「利用」（gebruik）という語は個々の投資についてその投資が運営上どのような効果、それによってもたらされるどのよう

な費用と収益、及びそれによって失われるどのような費用と収益をもたらすかが評価されなければならないことを示す。これは人々を短期的に見れば安上がりだが恐らく中期的から長期的に見れば基礎自治体にとって（非常に）有害な決定をすることを避けさせるに違いない。それは投資費用とそれについて意図したサービス提供とが釣り合うことを認めなければならない。

第4段標では現在の年間原則、すなわち現在の臨時サービスへの適用に現れることが明らかにされる。ここでは本命令はNOBの原則に従う。

第152条

基礎自治体の予算が確定されるまでは、基礎自治体はフラーンデレン政府によって定められた諸条件下で且つ制限内で暫定的な投資が持てるにすぎない。

本条の諸規定は基礎自治体議会が第148条の§1の期間の規定に反して、予算が会計年度の開始前までに確定しない場合にも第148条の§2に言及されたような特別の場合にも両方に適用される。

多分フラーンデレン政府は公共社会福祉センターの会計及び行政組織に関する1997年12月17日の命令の第9条になぞらえて計画するのに適した奨励をする委員会の数を12に制限することになろう。併しながら同政府は諸規定の迅速な調整を可能にするためにこれを命令で制限することはしなかった。

第153条

§1. 様々な基礎自治体が法律か命令の諸規定によってか従って基礎自治体に課せられる支出に関わるならば、全てそれらが得られる利益に比例して負担する。その利益や課せられる負担の割合について拒否か意見の不一致があれば、県知事が決定する。

§2. 県知事の決定に対して基礎自治体議会は書留郵便でその決定の基礎自治体への送達後遅くとも30日以内にフラーンデレン政府に訴えを提出できる。

フラーンデレン政府はその訴えについてその受理後50日以内に宣告し、それを知事と基礎自治体に遅くともその期限の最終日までに送達する。

若しも上述の期限内に何らの決定も起訴自治体に送達されなかった場合には、知事の決定は実施できる。

本条の第1段標は新基礎自治体の第256条の§1の内容を再掲する。

本条の第2段標は前述の1993年4月28日の命令の第13条の内容を再掲する。

県知事は常任代表団の地位を占める。

第154条
§1. 予算修正は内部の金融調整の方法では達成できないそれらの予算への金融調整である。
§2. 基礎自治体議会は提示された数字と説明文書に基づき予算修正を決定する。

　　本条は予算の修正という概念によって解されなければならないものと予算の修正がどのように基礎自治体議会によって確定されるかに言及する。

　　本条は第87条の§4と第93条の第1項1ºbと併せて読み取られなければならない。

第155条
フラーンデレン政府によって定められた諸条件の下で首長と理事たちの理事会は内部の金融調整について決定する。理事会は当該基礎自治体議会、財務管理者、及び予算保有者たちに直接情報を伝え、外部監査委員会はこれらの決定を入手する。

　　フラーンデレン政府は内部の信頼調整によって解されなければならないものを規定することになる。これらは首長と理事たちの理事会によって確定されることができる。

第156条
契約は、認可か、予算の生じた項目についてか若しくは流動金融に基づいて、権限のある予算保有者だけが締結できる。
この点に関して契約を締結した職員たちか首長と理事たちの理事会の構成員たちは、本命令によってか従って決定される場合を除いて、起こりうる他の機関若しくは基礎自治体の職員たちとの共同責任に違反することなく、これに対して個人的に責任を負っている。

　　本条は内容的に新基礎自治体法の第247条を新たな管理法に代える。

第157条
基礎自治体議会は前記の予算修正なしに不可避且つ不測の諸状況によって必要となる支出を、筋の通った決定をするという条件で用意する。
同じ状況で若しもごく僅かな遅延が争う余地のない被害を引き起こすならば、首長と理事たちの理事会はその自らの責任で支出を用意する。首長と理事たちの理事会は基礎自治体議会と外部監査委員会に直ちに通告する。
第1項と第2項の場合には、必要な金融が直ちに予算修正によって開始される。併しながら支払は予算修正を待たずに行える。

　　本条は内容的に新基礎自治体法の第249条を再掲する。

　　これらの基礎自治体議会若しくは首長と理事たちの理事会の決定は既成の

統制を尊重しなくても構わないので、これらの例外的手段は非常につましく且つその概念は非常に狭く解されなければならない。われわれはこれらの場合には出資を論じなければならないことにはなりそうにない。本議案に記載された節は主に不可抗力の場合に予防的手段が取られることができる狙いがある。不測の出来事の結果としてごく限られた期間に起こりそうか若しくは起こりうる諸問題を完全に解決するか若しくは回避するかに関わらなければならない。例えば大火がこういった類の解決を立証できる。いま一つ別の例では洪水の場合の予防措置がある。例えば建物の粗末な保守の結果としての漏水する屋根は回避不能な予測不能な事情とは解されない。つまり人は建物の保守に十分な注意を払わなければ漏水が起こることが予測できる。

第Ⅳ章・予算の執行、予算の保持及び資金の管理

第Ⅰ節・予算の保持
第158条
予算の保持は、予算保有者がその実現を目指す基準を含むという意味で業務の設定である予算を管理する公認の権限である。

予算保持の定義付けは公共社会福祉センター法の第87条の§2の1ºに基礎付けられる。

任務の決定は取り決めが一定期間内にどのような所産若しくは業績が達成されなければならないか、又どのような予算がこの取り決めで実行されなければならないかに関して行われることを意味する。従って予算保持は安全通行証ではない。

予算はこの定義の一環として財政上の資産よりも多くのものを含む。それは自由に使える状態にあるサービス提供能力の全体に関係する。これは一つの建物、資材、業務を有能な人材に利用させること等を含む。

第159条
§1. 予算の保持は、本命令によってか従って§2と§3に抵触することなく、首長と理事たちの理事会に帰する。
§2. 首長と理事たちの理事は、日常の管理諸事項のための予算の保持を、それらの責任を負っている基礎自治体書記に与えることができる。
基礎自治体議会は日常の管理下にあると解されるものを定める。
基礎自治体書記はこの権限を活動センターに関わる一定の予算に関係しているその他の職員たちに委任できる。関係職員は、彼らの職務記述がそれを定めていれば、自らに委任される権限を拒否できない。彼らは自らに委任される予算管理に執行に個人的に責任を負っている。
§3. 基礎自治体議会によって定められる諸条件の下で基礎自治体書記の助言後に、首長と理事たちの理事会は関係活動センターか諸計画に関わる一定の予算管理を、さらに日常業務に関わる諸事項も、基礎自治体の一定の職員に、部局を越えて委任できる。
首長と理事たちはそれについて基礎自治体の部局の組織図を考慮に入れる。関係職員たちは、彼らの職務記述がそれを想定していれば、自らに委任される権限を拒否できない。彼らは自らに委任される予算管理に執行に個人的に責任を負って

いる。

基礎自治体書記は、首長と理事たちによってそうするよう要求された後30日以内に前項で言及された助言を発表する。前述の期限内に助言の通告がなければ、助言は賛成されたと見なされる。

このような助言は基礎自治体議会の全面改選後いつでも6か月で失効することになる。

 本条は首長と理事たちの理事会が主要予算保有者であることを示す。それは余剰権限を有する予算保有者である。限られた場合には立法者は予算保持を基礎自治体議会ばかりでなく例えば基礎自治体書記や財政管理者にも留保することを決定してきた。それとの関連で特に第76条§2、第89条及び第94条に言及することができる。だが財務管理者に対してはその特殊な職務を考慮して予算管理はできる限り限定されなければならない：併しながら、その職務の執行は一定の財務管理を前提とする。またNOB（1997年12月17日の命令）においては、われわれは若干の場合に立法者が予算保有者の長を制限しなければならないと信じていたことが分かる。このような場合にはまさに委任された予算保有者と同様にそのために予算保有者が執行部に課せられた業務を適切に遂行するのに十分な資力を持つよう配慮されなければならないことになる。金は資力と見られなければならないばかりでなく、例えば必要な技能を持った職員とか資材を含めることもできる。

 第2段標では基礎自治体議会は、首長と理事たちの理事会の提案によって、日常管理によって含まれる範囲を定める。さらに首長と理事たちの理事会は日常管理の予算保持を基礎自治体書記に委任できる。こうして基礎自治体書記の予算保持は理事会の委任決定に依存することが決められる。こういう風にして政治の優位性が保証される。そのうえこの決定は地方自治に何よりもよく役立つに違いない。

 首長と理事たちの理事会は予算保持に関するその権限を契約職員と法定の職員の両者に委任できる。本条では委任（権限の移譲）が基礎自治体書記に行われるのが原則となる。基礎自治体書記はその委任された権限を一部維持しながら自分自身の責任をその外の法定の職員若しくは契約職員（再）に委任できる。予算保有者は最初に最重要な部局長に割り付けられるのは明らかである。それは「彼がそれによって基礎自治体業務の組織図を考慮する」という一節から推論できる。公共社会福祉センターとは逆に基礎自治体においては一定の職員たちは本条に従って予算保持を断ることはできない。職員た

ちには彼らの職務についての説明では予算保持の能力が含まれていることが重要である。多分これは最重要部局長には当てはまるだろう。予算保持は一定の職員たちに責任が伴う手段である。予算保持は責任を免れずそれゆえ明らかにそれが割り振られた者に責任が伴う。

　基礎自治体議会は日常業務の概念を記載することによって予算管理を一部委任することができるようになる。それらの管理行為が日常管理においては通常の状況下では地方行政は年度を超えて縛られることはないものと解されなければならない。そういうわけで賃貸契約は毎年1月1日から例えば毎年10月1日までについて締結が可能だが、賃貸契約以外は毎年1月10日から翌年の1月6日までについて締結できる。通常の諸々のサービス提供は日常管理となる。日常管理は通常の状況下では同一の会計年度内に出資が実施されるか若しくは提供される限り出資を含めることができる。従って基礎自治体議会の統制範囲はむしろ狭められる。

　第3段標では首長と理事たちの理事会が直接職員たちに委任する可能性が用意される。第2段標で言及された基礎自治体書記への委任とは異なり、第3段標で言及される場合では日常管理への制限は用意されることはない。この種の委任の可能性は恐らく基礎自治体が定める諸条件の下でのみ実施され、それ以上に基礎自治体書記の助言に拘束されることはない。併しながらこれらの委任には当然期間の制限がある。これらは基礎自治体議会の全面改選後6か月で期限切れとなる。このためいかなる管理行為もこの記載された期限切れ後に行われてはならない。この段標は処分行為の委任の可能性は含まない。

　国務院の所見に応じるために第3段標の第2項では前述の期限内に助言の通知がなければ助言の必要条件は無視されることができると定めている。

　第2段標と第3段標で一定の基礎自治体職員たちへの予算管理の委任を用意する可能性が地区レベル（'地区予算'）における予算管理の自治の形式を形成できる。このためにフラーンデレン政府の命令（第179条を見よ）によってもっと正確な手はずが整えられる。

第160条

§1. 予算保有者は自らに負託された予算に従って約束を果たす。彼は、委任の限度内で生じる場合に、労働、供給若しくは業務の契約の依頼のための配分手続を進めて任務を割り当て、彼に負託された予算に従って行われる支払を承認する。

§2. 提案される財務契約はいかなる契約も締結ができるためには事前の査証に掛

けられる。

財務管理者は、第94条の1°に言及されたような彼の任務の一環としてこれらの提案された合法性と合規性を審査する。彼はこの審査が提案された合法性と合規性を明らかにするならば、その査証を与える。

基礎自治体議会は、財務管理者が前項で言及された検査を実施する詳細な諸条件を定める。基礎自治体議会はフラーンデレン政府によって確定されている限界内で日常管理の義務の一定の種類を除外できる。

第3項に従って基礎自治体議会によって査証義務から徐外される実施は、関係予算保有者及び予算保有者が首長と理事たちの理事会員であれば、その投票行動が議事録に記録されない場合は理事会の理事の一人によって、何らかの契約が締結されたより前に財務管理者に提出できる。その場合には取引は第2段標に従って行われる。

§3. 予算保有者は彼に負託された予算の収益の請求書発行に責任がある。

§4. 基礎自治体議会と首長と理事たちの理事会は、権限のある予算保有者として、一定の条件の下でそれに従って、彼らによって設定された条件を満たした場合に限り、支払の額の承認を基礎自治体書記に負託することを決定できる。

　　本条では予算保有者だけが十分な信用を得ている限り契約を締結できると述べている。同時に予算保持に加えて公共調達が述べられている。

　　「支払われるべき金額を承認する」という言葉は送り状の承認では狭すぎるために選ばれた。それはまた送り状からは生じない支出も含む。一例としてわれわれはここでは支払われるべき俸給の承認を挙げることができる。

　　第2段標では併し予算保持に加えて財務管理者の確実な裏書きが得られる場合だけ財務契約が生まれるという原則が述べられている。それはその裏書きが何を意味するかを詳述する。

　　基礎自治体議会はどのような書類が前述の財務管理者の裏書きを絶対に必要とするかを定める。併しながら予算管理を委任する彼若しくは彼女は委任に当たりその対象が前述の財務管理者の裏書きを確実に持っていれば予算保有者の決定は法的有効性を欠くことになると定めることができる。それは委任の制限の一形態である。なぜなら予算保有は一定期間に及ぶ自立の連続だからである。

　　各予算保有者は、前述の裏書きが必要ない場合でも、なお契約締結の前に財務管理者に裏書きのための書類を提出することはできる。これは予算保有者としては、一定の特別な若しくは例外的な文書で、文書の適法性の保証を得

ることができる。首長と理事たちの理事会が予算保有者である場合には、若しも投票行動が議事録に記入されないならば、予算保有者としての首長と理事たちの理事会の行動がやはり構成員たちの任務に支障を来す虞があるので、首長と理事たちの理事会の個々の構成員たちにも財務管理者への裏書きの選択的提示の能力を授与することができた。この能力によって予算保有者に免責を与えるとか望ましい円滑な管理の遂行を邪魔するといったつもりは全くない。それぞれの決定が財務管理者に彼らの責任を最小化するために提示するようであってはならない。

　この裏書きの承認は契約の記録のためにのみ行われ（従って支払のためではない）、合法的合規的監査に（従って便宜的ではない）だけ関わる。財務管理の先験的監督は決して予算保有者の最重要な責任の妨げとなることはない。

　予算保持はまた地方自治体に対して収益権を与える全てのサービス提供、活動若しくは出来事に彼に任された管理分野に対して送り状が作成されることを保証する責任も持っている。

　予算保有者がその締結した契約による入荷の送り状を付与するという原則に反して、何らかの機関（基礎自治体議会、首長と理事たちの理事会）が基礎自治体書記にその責任の下でこの承認を任せることを決定できる。この一般原則から逸脱する可能性は例えば俸給が正しく支払われる前にその協議会が原則として開催されねばならないことを定めるNOBの評価によって指示される。それは一般原則からの逸脱に関わるのではっきりと本文においてこれが彼若しくは彼女がそれ以上の委任ができない基礎自治体書記への委任であることが述べられている。

第161条

財務管理者として、理由を説明する決定をする場合に、予算保有者によって決定される、それに対して十分な信用を必要とする契約に対して、首長と理事たちの理事会は、彼ら自身の責任において査証を拒否することができる。その場合に、首長と理事たちの理事会は、財務管理者の意欲ある決定を、その決定の写しを添えて県知事に届ける。外部監査委員会はこの決定について通告される。

首長と理事たちの理事会の決定は第274条に言及される監督期間が終了した時だけ有効である。

　財務管理者が彼若しくは彼女の管理を麻痺させないために変更手続が本命令に記載されている；首長と理事たちの理事会それ自身の責任の下で若しも財務管理者がこれを拒否したならば自ら肯定的な送り状を付与する決定が

できる。併しながらこれは首長と理事たちの理事会の諸決定がその監督と外部監査に送付されなければならないとても深刻な影響を及ぼせる行為である。この規定は同時に首長と理事たちの理事会が記載された変更の誤用の可能性を防ぐ。

　この規定はまた、第160条§2｛これは書かれていない。｝第2項に従って、財務管理者の裏書きの提示後の裏書き拒否に適用されると記載している。

　首長と理事たちの理事会の決定を審査させる期間を与えるために監督期間が切れる前には変更手続の対象を構成する諸決定は有効ではない。本条の一環としてさらに監督期間の終了によって契約の締結に知事が苦労しないという承認があると考えられなければならない。

第162条

§1. 部局の適切な活動のために遅滞なく行われなければならないか若しくは直接行わなければならない日常管理の少額の運営費の支払を可能にするために、基礎自治体書記は財務管理者の所見の後で、一定の予算保有者たち若しくは職員たちに自由に使える手数料を設定できる決定をする。基礎自治体書記のこれらの決定は、彼が完全な自立を認めている財務管理者の所見と合致していなければ、承認を得るために基礎自治体議会に提出される。

支払に責任のある職員は上述の金額を領収書と引き替えに関係予算保有者か関係職員に手渡すか若しくはそのために債務残高を提示できない公開の特別会計に金額を預金しなければならない。それらの予算保有者たち若しくは職員たちはそれらを管理する責任がある。資金手数料について責任のある職員たちの支出は定期的に支出の一覧表の提示とそれと共に聴聞を受けた証拠書類が基礎自治体の会計に記載される。手数料の保有者がそれを放棄するならば彼は初めに受領した金額を基礎自治体の金庫に返還する。

§2. 基礎自治体書記は、財務管理者の所見の後で、その権限を有する一定の基礎自治体職員の責任の下で、日常の少額の収入の取立てを担当できる。この基礎自治体書記の決定は、彼が完全な自立を認めている財務管理者の所見と合致していなければ、承認を得るために基礎自治体議会に提出される。

これらの職員たちは定期的に財務管理者の指示に従って正確な徴収一覧表によりこれらの収入の全額を基礎自治体の金庫に預け入れて責任を果たす。収入とそれらの基礎自治体金庫への預け入れは金庫の帳簿に記録される。

§3. 少なくとも1年に一度財務管理者若しくは同人によって指名された者はその責任において§1で言及された手数料の保有者の帳簿と金銭の蓄えを検査し、職

員たちは§2で言及された日常の少額の収入の取立てを担当する。
彼の所見から報告書は作成され、基礎自治体書記、所管の予算保有者若しくは関係職員に送付され、変則の場合は外部監査委員会に届けられる。
この報告書は責任のある職員と財務管理者の両者によって署名される。
§4. 基礎自治体議会は手数料の支給の諸条件と基礎自治体職員たちが日常の少額の収入を任されることができる諸条件を定める。

　　第1段標は日常の管理の少額の支出のための現金手数料についての犯罪防止に関わる。従ってこれは基礎自治体の全般的な現金管理とは無関係である。「少額の運営支出」という言葉は限定的に解されなければならない。このような日常支出の一例は車検に支払われなければならない支払である。このような日常の手数料を設定する決定は財務管理者の助言に従わなければならない。後者は基礎自治体書記の原案決定についての助言を用意することになる。若しも財務管理者の助言が否定的ならば、基礎自治体議会がそれについてその承認を与えた後で初めて効果を持つことになる。基礎自治体書記の決定の起こりうる影響を考慮して立法者はこの事項のために本命令に記載しなければならない内部統制の法定の点検項目を持った。

　　個人特有の責任とは予算保有者若しくはその指名を受けた職員がまず第1に後に異議の申し立てを受ければ欠損または支出についての責任を問われることになる。使用の第一次責任は手数料の埋め合わせ要求によって生ずる。

　　国務院の所見の結果、§1の第2項においては、出費を負った支出に関する正当な証拠を提示する職員ならば、手数料は免除され、その全額が返済され、適切ならばその金額が減らされることが明らかにされている。

　　第2段標は新基礎自治体法第138条§2と内容が一致している。それは通常のサービス業務(例えば博物館とか催し物への入場料、身分証明書の引渡し税)に必要とされる場合の小さな金額の取立てに関わる。「日収」という言葉は本条では債務者があらかじめそれが前もって指示されることはできないことを示した(例えば地下駐車場への入場料)か又はサービス提供(例えば身分証明書の引渡し税)が抵当に入れられていなければサービスから区別することができない収益について示すのに使われた。従ってそれはもっと通常の税や税外収入の徴収とは無関係である。

　　このような収益の取立てと使用の一般原則からの逸脱は財務管理者の助言と結び付いて初めて可能になる。若しもこれが肯定的助言を拒否するならば基礎自治体議会が承認制度によって解決することになる。

諸決定が内部統制に影響するので財務管理者によって金庫について着手される毎年度の検査が実施される。職務の分離がここでは部分的に影響される。

基礎自治体議会はその中で現金手数料と少額の日収の取立てに関連した基礎自治体書記の諸決定が適合する枠組を確定する。これはとりもなおさず財務管理者がこの枠組をその助言で考慮しなければならなくなることを意味する。

第Ⅱ節・支払の実施、収入の取立て及び資金管理
第163条
§1. 基礎自治体書記は基礎自治体の支払の実施を基礎自治体職員の一人に任せられる。その上基礎自治体書記は基礎自治体職員の一人かそれ以上多くに金庫業務を委任できる。
関係職員たちは、彼らの職務記述がそれを想定している場合には、彼らに負託される権限を拒否できない。
本条に言及されている職員たちは彼らに負託されている任務の限度内で基礎自治体金庫の管理か若しくは支出の実施に責任がある。
§2. 基礎自治体書記か若しくは同人から支払業務を担当させられた職員が支出の支払を拒否された場合には首長と理事たちの理事会は自らの責任で支払を命ずることができる。このような命令は拒否できない。
その場合には首長と理事たちの理事会は彼らの決定の写しを県知事と外部監査委員会に届ける。首長と理事たちの理事会の決定は第274条に言及される監督期間が終了した時だけ有効である。

第86条で経費の支払いの実施に対する責任が基礎自治体書記に現金の資金管理に対して課せられた。彼はこの責任を基礎自治体議会の権限下で果たす。その権限は唯監督の性質を持っているにすぎない。これはこの活動に関連のある基礎自治体収入役に関する権限の拡充である。

基礎自治体書記は職員の一人にその責任の実際の遂行を委任できる。職務の分離のために財務管理者への委任は法令で除外される。比較的大きい執行部では現金管理は恐らく何人かの職員にされることになろう。非常に小さい基礎自治体では恐らく基礎自治体書記が自らこの責任を遂行することになろう。

この責任は法定と契約の両方の職員に委任されることが可能である。

第3項では基礎自治体書記が本条でその責任を前述の責任を職員の一人に

委任したときはその責任が縮小されることを強調する。第2段標では若しも基礎自治体書記か彼によって指名された会計職員がまず第1に費用の支払いを拒否したならば(例えば内部検査によって不法行為が確定された)理事会が基礎自治体書記に支払命令を発する権限を承認されている。この変更能力は第161条と同じ方法で規制されている。

第Ⅴ章・会計記録・財務報告及び資金管理

第164条

各基礎自治体は、複式簿記の方法に従って、その活動の性質と規模に合った適切な会計制度を持っている。

　　本条ではこの種の会計が内外の利用者の情報ニーズを満たせる状況になければならないことが詳述されている。重複して記載されかねないために（一定の取引では当然それとは別の制度に従う必要がある）に複式簿記が選ばれる。この選択はとりわけフラーンデレン政府が自らに課している規制管理によってきっかけが与えられる。

　　複式簿記制度という言葉については新基礎自治体会計といったような会計は除外される。会計は殊によると単なる複式簿記以上のものであろうし、クレジットがそれに従うのが認められる測定基準となるであろうが、併しこれは必ずしも内部会計において従っているわけではない。例えば新公共社会福祉センター会計はクレジットを検査するのに外部会計方法を用いるが、これは簿記とは切っても切れない。それゆえその制度には基礎自治体がそれに従って行動する決定原理がある。意図された簿記は現行の新基礎自治体会計よりも決定的であるに違いない。

　　基礎自治体会計の新たな規制は本命令に従ってそれぞれの場合にNOBの評価の完結とESR95を考慮した新たな規制の調査の後で発効することになろう。フラーンデレン政府はマーストリヒト条約の規範の枠内で基礎自治体の報告から一定の要素を手に入れる。

　　この規定は方向がどのようにして議会の議員たちに向けられるかを語ってはいない。簿記は唯議会の議員たちが理解できる大きさで、時宜を得て固められた決定に支えられた決定を裏づける報告（例えば年次決算）が配慮されなければならない。

第165条

財務管理者は全く独自に少なくとも四半期毎に一度基礎自治体議会と首長と理事たちの理事会に報告する。この報告は、少なくとも資金状況、流動予測、管理監督、さらに予算評価を含む。財務管理者は基礎自治体書記と外部監査委員会に自由に利用できる写しを同時に準備する。

　　予算保持の採用によって基礎自治体議会のレベルにはもはやかなりの情報

が入ってこなくなった。今のところなお全ての書類が基礎自治体議会に提出されなければならないが、それは大量の文書が基礎自治体議会議員たちによって処理されなければならないことを意味し、平均的議員ではその任務はもう上手くいかなくなっている。その結果基礎自治体議会はもはや基礎自治体の一切合切について全く不完全な状態に陥っている。あるいはもっと悪ければ、決定の内容を全く知らないまま諸々の決定を行う。

　この情報の豊かさが、それによって虚偽情報の役割を果たし、財務管理者の包括的な報告によって大部分が取って代わられ、話す方法で、基礎自治体議会議員たちに一目で自分たちに必要な情報を入手させ大した研究作業なしにこれを実行させる。一定の重要な書類はなお基礎自治体議会に提出されるということを示せば主にその代わりとなるといえる。

　次の項目は財務管理者の報告の確定した諸要素である：
 -- 資金状況の概要；
 -- 流動性予測；
 -- 予算の展開；
 -- 管理監督。

　管理監督はこの枠組においては一定の予定表に従って繰り返され、一定の手続がそれに従う活動の集積と見なされるべきである。それは計画策定並びに具体的な計画予定表と活動の連続に焦点が当てられる。管理監督の最終的状態はそのために基礎自治体ができる限り指定された目標の達成に気を配ることである。

　報告が固められなければならないので財務管理者は「特例による管理」{英文}の技法を使うこともありうる。これによっては唯異常なものだけが報告されるが、それは求められたか若しくは評価されたものとは一致しない。若しもわれわれが予算に翻訳するとすれば、これらの予算だけが報告書に記載され、評価されるような使われ方はされない。例えば予算は余りにも迅速に使われるか全く期待とは関係なく使われることもできる。諸予算の展開の場合に予算はまた求められる成果の実現と見合うように作成されることになる。

　従って恐らくこうして獲得された情報は基礎自治体にとって非常に大切な情報を追加することになろう。

　本条は基礎自治体議会が純然たる入力操作を出力操作に展開することを示す。人々は過程において投資されるものばかりでなく、特にこれらの過程から生ずるものにも焦点を合わせる。その上次に基礎自治体議会は意図された

効果が達成されるかどうかも点検することになる。

　この任務は基礎自治体（議会）にとって極めて重要であり、財務管理者がこの活動をラインから離れて、完全に独立して遂行できる責任があることには議論の余地がない。併しながら完全な独立では若しも機関としての基礎自治体議会がこれらの諸問題について追加の情報を必要とすると考えたならば、引き続く報告に受入れられる一定の諸要素を当議会が要求するのを妨げることはできない。

　用紙が多すぎるのをできるだけ制限するために、少なくとも3か月毎にこの報告の形式を変更する命令が選ばれた。

　多分財務管理者がその報告について若干の説明をすることが指摘されるだろう。

　その報告書の外部の会計監査委員会への送達はその報告書が現実に合っていることを保証する；若しもそうでない場合には、その会計検査報告若しくは管理書簡で言及されることになる。

　首長と理事たちの理事会と基礎自治体書記への明白な送達は財務管理者の所見を最大限利用する狙いがある。

第166条

基礎自治体議会に提案された契約の合法性と合規性についての上述の監督業務その業務の実施について、財務管理者は全く独自に少なくとも四半期毎に一度基礎自治体議会に報告する。同時に彼は首長と理事たちの理事会、基礎自治体書記と外部監査委員会に関係報告書の写しを届ける。

　本条は詳しい説明は必要ない。

第167条

第159条の§2を適用して少なくとも四半期毎に一度基礎自治体書記は首長と理事たちの理事会に予算管理の実施について報告する。基礎自治体書記は同時に彼から予算管理を任された職員たちによる予算管理の実施についても報告する。

基礎自治体書記から予算管理を任された職員たちは予算管理の実施について少なくとも四半期毎に一度基礎自治体書記に報告する。

第159条の§3を適用して予算管理に責任のある職員は少なくとも四半期毎に一度首長と理事たちの理事会に予算管理の実施について報告する。

外部監査委員会は本条に言及された報告を入手できる。

　本条は第166条に接続する。一定の諸決定は基礎自治体議会によってはもはや行われないし、基礎自治体議会は十分に管理について報告を受け、この

報告が課される。その報告は基礎自治体議会との積極的な意思疎通と考えるべきである。その報告は約束された成果の達成度を含むことになる。

若しも予算保持が基礎自治体書記を経由して確保されるならば報告は基礎自治体書記を経由して、その他の場合は予算保有者が基礎自治体議会に直接行われることになる。

外部の会計監査委員会への写しの送達は若しも提供された情報が事実と一致しなければ基礎自治体議会にこれを通知すること認めなければならない。

それによって盲目的に働くことなく効果的な政策が実施されることが可能となる。

第168条

首長と理事たちの理事会は少なくとも四半期毎に一度基礎自治体議会に予算管理の実施について報告する。この報告の写しは基礎自治体書記と外部監査委員会が自由に利用できる。

本条は前と同じ論理をたどる。

第169条

§1. 少なくとも四半期毎に一度外部監査委員会は基礎自治体書記の、適切な場合には、第163条に言及された会計職員たちの資金を検証する。

外部監査委員会はその検証についてその所見が、第1項に言及された職員のそれらと併せて記述される報告書を作成する。その報告書は外部監査委員会の委員一人と第1段標に言及された職員によって署名される。

外部監査委員会はその報告書を基礎自治体議会、基礎自治体書記及び適切な場合には、第163条に言及された会計職員たちに届ける。

外部監査委員会は、若しも赤字が確定された場合には補充の報告を作成する。その報告はその弁済に関する諸所見を含む。報告は検証後遅くとも10日以内に県知事、基礎自治体議会、基礎自治体書記及び適切な場合には、第163条に言及された会計職員たちに届けられる。

§2. 基礎自治体書記及び適切な場合には第163条に言及された会計職員たちは外部監査委員会に窃盗か損害に起因するどのような赤字も遅滞なく通知する。

適切な場合にはここで§1に従って資金の検証が赤字の金額を確定するために遂行される。検証報告には状況の説明と基礎自治体書記か彼によって任命された会計職員たちによって採られる防護策が含まれる。

§3. 検証がここで資金の赤字を決定する場合には、その時は基礎自治体議会の部分と外部監査委員会の報告の受領後30日以内に、基礎自治体書記及び適切な場

合には、彼によって任命された会計職員たちがその赤字に責任を持っている程度に関するその所見と一緒に県知事に詳述されなければならない。
県知事は基礎自治体議会の所見、その報告書及び外部監査委員会の補充報告を検証した後で決定を行う。
当事者は直ちに書留郵便で県知事の決定について知らされる。必要な場合にはさらに確定した金額が基礎自治体金庫に振り込む依頼がなされる。県知事の決定の写しが直ちに基礎自治体に送られる。
§4. このような通知後60日以内に当事者は第13条に予定された裁判所に訴えを開始できる。その訴えは執行停止ができる。
その裁判所は基礎自治体書記若しくは同人によって任命された会計職員たちの責任について宣告をし、彼らに負担させる金額を定める。
裁判所の決定は、訴えが国務院に対して開始されていたとしても有効である。併しながらこの決定はこの訴えの開始期限切れ後に初めて実施できる。
§5. 基礎自治体書記か第163条に言及された会計職員たちが検証に出席して、§1と§2に言及されているようにそこで意見を述べて検証報告に署名する場合には、彼はそのために出席させられることができる。

　　本条は新基礎自治体法の第131条に取って代わる。本条は当然公務のレベルでの権限配分を考慮する。さらに新基礎自治体法の現行の規制の二つの要点の間には規制に違いがある。さしあたり現金検査は首長と理事たちの理事会に代わって外部の会計監査委員会によって実施される。

　　その後基礎自治体議会ではなく県知事が現金検査の最中に検出された不整に対する責任について決定する。基礎自治体議会はこの点について重要な助言的役割を保持している。

　　行政裁判所への司法的控訴が現行の常任代表団への控訴に取って代わる。

第170条
§1. 財務管理者、基礎自治体書記の職務若しくは第163条に言及された会計職員たちの任務が終了した場合には、外部監査委員会が会計の正確さと完全を検査し、欠損を指摘する。同委員会はこれについて報告する。
外部監査委員会はその諸所見について検証報告を作成し、そこでは必要な場合には、財務管理者、基礎自治体書記及び第163条に言及された会計職員たちか、死亡の場合にはその相続人たちの意見に触れる。その報告は、その場合に応じて外部監査委員会の委員の一人と財務管理者、基礎自治体書記及び必要な場合には第163条に言及された会計職員たちか現存していればその相続人たちによって署名

される。

外部監査委員会はその報告を基礎自治体議会、財務管理者、基礎自治体書記及び必要な場合には第163条に言及された会計職員たちかその相続人たちに送付する。

§2. 外部監査委員会は正確さと完全が確定された場合には補充の検証報告を作成する。その報告はそれについての弁済に関する勧告を含む。その報告は県知事、基礎自治体議会、財務管理者、基礎自治体書記及び必要な場合には第163条に言及された会計職員たちかその相続人たちに遅くとも検証後30日以内に報告と同時に送付される。

§3. 不正確か不完全が確定された場合には、基礎自治体議会は、その報告と外部監査委員会の報告の受領後30日以内に県知事に財務管理者、基礎自治体書記及び第163条に言及された会計職員たちが確定された変則にどの程度責任を負わなければならないかについてその所見と一緒に通知することになる。必要な場合には、基礎自治体金庫に支払われなければならない金額が示される。

県知事は基礎自治体議会の所見、その報告書及び外部監査委員会の補充報告を検証した後で決定を行う。

当事者、若しくはその死亡の場合には、分かれば相続人に、県知事の決定を書留郵便で知らせる。必要な場合にはさらに確定された金額を基礎自治体金庫に振り込む依頼がなされる。

県知事の決定の写しが直ちに基礎自治体に送られる。

§4. 第169条§4は、第1項で言及された職員たちの一人か彼らの法定相続人が赤字を清算するよう求められるならば、必要な変更を加えて適用される。

§5. 基礎自治体書記か第163条に言及された会計職員たち、又は財務管理者が検証に出席して、§1に言及されているように、そこで意見を述べて検証報告に署名する場合には、彼はそのために出席することが許される。

§6. 第81条か第91条の意味での代理の原因となる不在か支障の場合には、本条は必要な変更を加えて基礎自治体書記か財務管理者に適用される。

§7. 本条は、代理が終了するならば、必要な変更を加えて臨時財務管理者や臨時基礎自治体書記に適用される。

　　本条は新基礎自治体法の第53条、第54条の2及び第138条の2に取って代わり、公務のレベルでの権限移動を考慮して補完する。最終議案は外部の会計監査委員会の報告によって取って代わられる。会計監査委員会による簿記と現金の監査が基礎自治体の収入役による現行のもっと複雑な監督に取って代わる。

第170条

　これは外部の会計監査委員会の検査活動は年次決算の内部監査と見なされなければならないので行政簡素化の一要素である。それは期日が決められる単一監査の一要素である。これらの活動は責任の明確な定義をさせる。

第Ⅵ章・投資、年度会計及び返済

第171条
財務管理者の下で管理団と協議して、毎年12月31日までに、さらに基礎自治体の全ての財産、請求権、負債及び債務について必要な測定、点検、捜査及び評価が行われる。

　　最終的には県知事が関係公務員の責任について決定することになる。同様に上訴の能力が第169条に記述されているように適用される。これは疑いもなく透明性を促進する。

　　本条はさらに若しも第76条§2の第2項に従ってフラーンデレン政府によって定められる能力を侵害することなく必要な特別の規則を財務管理者の職務が地域圏収入役によって遂行されるならば適用される。本命令においてはそのために当該会計年度の最終報告、この場合は最終の取りまとめを財務管理者に託する方法が選ばれる。これの選択は内部統制の強化に役立つ。「財務管理者の指揮下で」という言葉は最終の取りまとめの作成が共同作業事案であることを物語る。

第172条
§1. 財産目録の資料について全会一致で請求が行われた後でそれらは年度会計の草案に要約される。
フラーンデレン政府は基礎自治体の年度会計を基礎自治体公社や基礎自治体外郭独立諸機関の年度会計と連結するための細則を確定する。
§2. 外部監査委員会は年度会計の草案が正確で完全かどうか、それらが基礎自治体の財務状況の真実で公正な実像を提供しているかどうか及びそれらに含まれる収益、費用、収支が合法的で合規的であるかどうかを検査する。外部監査委員会はその報告で結果を報告する。同委員会はこの報告を年度会計が検査のために送られてから30日以内に基礎自治体に届ける。

　　本条の第1項は取りまとめの適応の当然の結果である。つまり簿記は取りまとめに従わなければならない。本条は第93条と併せて読まれなければならない。さらにその原則は最終報告、この場合は年次決算の議案の管理が財務管理者に託されるために使われる。議案の作成は彼だけの活動ではない；彼は管理における一定の職務を引き受ける人々が年次決算の議案を共同で作成することを期待できる。いずれにせよ彼らはここでは年次決算が特に弁明す

る手段なので全てに利害関係がある。最終の編集に責任があるのは財務管理者である。

第1段標の第2項は命令制定者が外部の利害関係者、その中には基礎自治体議会議員も含まれるが、為政者としてその外部の独立諸機関と一緒に基礎自治体の全体像を有するが必要があると考えることを明らかにする。これは独立諸公法人の監督を調整する点で大きな利益がある。その上さらに政策は専ら基礎自治体議会に帰属することが確認される。

本条は内部の独立諸機関（IVA）に託される管理は基礎自治体の会計記録｛簿記｝の一部である。その会計記録ではこれらの IVA が個別の活動の中心である（独立の諸部門若しくは諸活動の集積に責任を持つ自治体内の実体）。第224条第2段標はそれゆえわれわれが NOB においてそれを知っているよう内部統合に言及する。

第2段標は外部の会計監査委員会の任務の一部だけを詳述する。この段標は第265条以下と併せて読まれる必要がある。それについて請求書の性質とその中で処理された諸々の取引や事実の合法性や合規性については会計監査が中間会計監査で頻繁に使われるように計画されることから生ずるのが当然と考えられるために30日の期間が必要とされる。いずれにせよ堅実な作業方法は、それによって同様な事態を避けられるし、恐らくさらに確定された欠陥を是正できるので、欠陥がより迅速に突き止められるという効果を持っている。これは疑いもなく管理の一層高度な質と最終報告の誘因となる。

本条を次条と併せて読むときに年度会計検査の草案が遅くとも会計年度の次の暦年の5月には作成されなければならないことがはっきりする。

第173条

年度会計の草案についての外部監査委員会報告を知った後で基礎自治体議会はその会計が年度会計の確定に関わりのある次の会計年度の第1四半期中に語るであろう。

基礎自治体議会が一定の業務の処理を拒否した場合はこれらの業務の関係者の責任についての所見を述べる。その助言は年度会計の補遺に追加される。

基礎自治体議会が年度会計について審議する会期中に、首長と理事たちの理事会は財務状況について、前年度中の政策と管理について及び予算の執行について報告する。

本条に従って確定される年度会計の写しが20日以内に県知事と外部監査委員会に送付される。

第173条は第172条の続きである。基礎自治体議会は会計年度の決定を自ら宣告する。基礎自治体の決定は外部の会計監査委員会が自ら年次決算草案について宣告した後で初めて行える。第172条に従って外部の会計監査委員会はこのために30日を持っている。

年度会計の決定の一環として第88条の第2段標で言及された基礎自治体書記の任務は必然的に一定の役割を演ずる。

会計監査が年度会計草案に関して表明された所見を持っている場合には財務管理者と共同で修正された年度会計を助言の形で提出することになる。この助言の中で会計監査の所見にどのように適応しているかやどの程度まで会計監査の所見に応じられているかが弁明されることになる。

第2項は詳しい説明は必要ない。

第3項は管理と政策の区別からでたものである。主要な予算保有者としての首長と理事たちの理事会が管理を説明し基礎自治体議会に対して説明責任があるのは当然である。

責任の説明と決定の一環として年度会計の写しが県知事と外部の監査委員会に対して用意される（以下を見よ）。

第174条
第148条§3は年度会計についての基礎自治体議会による投票に必要な変更を加えて適用される。

本条は年度会計についての投票方法が長期計画や予算のそれと同型であることを詳述している。

第175条
§1. 第173条第4項に従って、年度会計の写し受領後、外部監査委員会は基礎自治体議会によって確定された会計を外部監査委員会か基礎自治体議会が一定の一人か一定の者たちに責任のあるとする意見である場合に30日以内に県知事に報告する。基礎自治体議会が変則か欠損の責任についての外部監査委員会の所見を考慮しなかった場合には、これは外部監査委員会によって明言されることになる。外部監査委員会はこの報告の写しを基礎自治体に送付する。

§2. 基礎自治体議会が業務処理を拒まず、§1で言及されたその報告の中の基礎自治体議会が外部監査委員会の所見を考慮しなかった場合には、基礎自治体議会による年度会計の確定が最終的となる。

基礎自治体議会による年度会計の最終的確定は、基礎自治体書記、財務管理者及び基礎自治体書記によって任命された会計職員たち並びに予算保有者たちの管理

が、真実の状況が年度会計報告の中で何らかの省略か不正確な報告によって隠蔽されない限り合法的に遂行される。

§3. 基礎自治体議会が一定の業務処理を拒み、§1で言及されたその報告の中の外部監査委員会が基礎自治体議会が変則と欠損に関する外部監査委員会の所見を考慮しなかったと述べている場合には、県知事が渦中の業務関係当事者の責任とその遂行について決定する。起こりうる場合には年度会計に必要な修正を行い会計を最終的に確定する。

県知事が年度会計の受領後100日以内に意見表明をしなかった場合には、基礎自治体議会によって年度会計の確定が確認されたと見なされ、適切な場合には、彼は基礎自治体議会の所見に従って関係当事者たちが拒否された業務について決定した責任を負うと見なされる。

§4. 関係者たちは県知事の決定について直ちに速達郵便で通知される。必要な場合には、さらに基礎自治体の金庫に確定された金額を預け入れるよう要求される。
§3第2項の場合を除いて、県知事の決定の写しは直ちに基礎自治体に送付される。

§5. 返済を拒否される者たちとフラーンデレン政府は、この通知後60日以内に第13条に言及された裁判所に§2に言及された県知事の決定に対して上訴できる。その上訴は執行停止の効力がある。同裁判所は関係者たちの責任について宣告し、支払われるべき金額が定められるか若しくは最終の返済が承認される。

一定の業務の拒否が一定の支出の最終の拒否を引き起こす場合には、上訴をした者は、裁判所への訴訟に責任を負っている当事者が同人が信頼できるか若しくは共同で上訴できると考える者たちに裁判所の決定に拘束され、それらに応訴できると告げられる。その場合には裁判所はさらに釈明を求められる者たちの責任について宣告する。

裁判所の決定は、例え上訴が国務院に対して開始されていたとしても有効である。併しながらこの決定はその上訴の開始期限切れの後に初めて執行される。

　　　第1段標は詳しい説明は必要ない。
　　　第2段標の第1項はどのような場合に第173条で意図された決定が最終的なものと考えられるかを詳述する。
　　　第2項は最終決定の結果について述べている。これは、基礎自治体書記、財務管理者、首長及び基礎自治体書記によって指名された会計職員たちに付与されている正当な遂行に帰着する。
　　　第2段標の場合には取引若しくは事実に直接的又は間接的に関係してい

る者たちの責任について宣告することは県知事には適用されないことになる。それはそれらの者たちに遂行を任せることができる。

若しも県知事自身が100日以内にその決定を宣告しなかったならば、その会計記録は最終的に決定されたと見なされ、県知事が責任に関する基礎自治体議会の助言を是認したと見なされる。

第4段標はどのような関係者たちに責任があるかが詳述される。県知事が第3段標の最終項に言及された期間を終了させた場合には、彼は通知の中で何故期間を終了させたかを弁明することになる。県知事によるか又は期間の終了による説明責任の決定は、若しも基礎自治体議会がまだこれを考慮に入れていなければ、その結果年次決算の補正をもたらすかも知れない。若しも金額が責任のある当事者に負担させるならば、その責任のある当事者に対する請求が年次決算において対処されなければならないのは確かである。

返済の不履行と制裁の賦課に対する上訴の手続は現金検査において記入される手続（第169条）と同じである。法定への上訴が中断の効果を有することが定められている。最終訴訟の上訴は中断効果を持たない。ここでは責任があると考えられる職員たちが考えられる責任又は共同責任を取り上げる権利があることがはっきりと定められている。

第Ⅶ章・行政監督に関する特別規定

第176条

§1. 監督官庁の中断及び取消の権限に抵触せずに法律違反若しくは全体の利益違反のために、県知事は以下の場合に長期計画の実施とその修正を中断する：

1° 不十分か単に財政均衡が長期計画に関わる財政年度中維持されるという偽りの資料に基づいている場合；

2° 熟知され期待される収益か収入、若しくは義務的な経費か費用、それらは長期計画が関わっている期間中法律か命令によって基礎自治体の好意か負担で生じるが長期計画には含まれない場合；

3° 基礎自治体議会が長期計画に載せているが、全体か一部が基礎自治体に帰属しない場合か若しくは長期計画が法律違反のために一定の費用か支出を用意できない一定の収益か収入；

4° 長期計画が以前に承認された投資の預金を全くか一部しか考慮しない場合；職員たちが長期計画のバランスの中断の誘因とならない場合に限り、中断は長期計画の一部か複数の部分に限定できる。

§2. 基礎自治体はその停止の決定について意見を表明するか若しくは長期計画かその修正を新たに確定する。

§3. フラーンデレン政府は基礎自治体議会が再確定したか修正した長期計画についてその理由を説明した決定を行う。法律違反若しくは全体の利益に反することなくその取消権限に抵触せずにフラーンデレン政府は以下の場合に長期計画かその修正を新たに確定する：

1° 不十分か単に財政均衡が長期計画に関わる財政年度中維持されるという偽りの資料に基づいていると証明された場合；

2° 熟知され期待される収益か収入、又は義務的な経費か費用、それらは長期計画が関わっている期間中法律か命令によって基礎自治体の好意か負担で生じるが長期計画には含まれない場合；

3° 基礎自治体議会が長期計画に載せているが、全体か一部が基礎自治体に帰属しない場合か若しくは長期計画が法律違反のために一定の費用か支出を用意できない一定の収益か収入；

4° 長期計画が以前に承認された投資の預金を全くか一部しか考慮しない場合。

第1の場合は、フラーンデレン政府は均衡を回復するためにあらゆる手段を講ずる。第2の場合は、フラーンデレン政府は途中で収入か義務的な経費を記録する。

第3の場合は、フラーンデレン政府は意図された収益を記録するかそれらを修正された金額で記録する。最後の場合は、フラーンデレン政府は確定された長期計画に見合うように、以前に承認された投資の預金を増額する。

フラーンデレン政府はその決定を50日以内に行い、その決定は基礎自治体議会の決定の到着後の日に発効して遅くともその期限の最終日までに基礎自治体に送達される。同政府はその決定の写しを当日県知事に送達する。

前項に規定された期限内に何らの決定も基礎自治体に送達されない場合は、フラーンデレン政府によって受理された長期計画若しくはその修正が最終となる。

§4. 財政の立て直しの観点から資金の貸付契約をする基礎自治体の長期計画とその修正の決定は、その貸付に地域圏の保障が与えられるならば、県知事の助言とフラーンデレン政府の承認を得たことになる。

県知事は基礎自治体議会の決定の県知事による受理後30日以内にその見解を表明し、その見解を遅くともその期限の最終日までにフラーンデレン政府に送達する。その見解がなければ県知事は賛成の見解を表明したと見なされる。

フラーンデレン政府は理由を説明する決定を表明し、長期計画を§3に従って確定する。

§5. 長期計画若しくはその修正の一時凍結は一時凍結された長期計画若しくは一時凍結された修正によって修正されるような長期計画に基づき確定された法律による予算の一時凍結を意味する。この一時凍結は§3で言及されたフラーンデレン政府の理由を説明する決定の日付に終了する。

　　最初に本条の第3段標までは1993年4月28日の命令の第8条以下の諸規定は本命令に記載された新たな諸計画と権限技法に言い換えられている。本条は長期計画を扱っている。予算が長期計画の代わりにそこから生まれたという事実が考慮される。

　　第4段標は唯一つの要素、即ち引き受けられた借入金の財政負担の予算組み替えに関する基礎自治体議会の決定を付け加えて、前述の命令の第14条に定められた規定と一致する。

　　その財政を考慮して借入金を減らそうとする基礎自治体としては、債務の再調整もまた特別の監督手続に服するのは当然である：長期計画への債務再調整の影響はこのためにやはり県知事の勧告とフラーンデレン政府の認可が正当化されるまでに至る。

　　第5段標では長期計画の中断という結果がもたらされる。中断された長期計画からもたらされる予算もまた自動的に中断される。さらに長期計画を維

持する予算に対する影響も本段標で定められている。
第177条
§1. 監督官庁の中断及び取消の権限に抵触せずに第271条から第279条に従って法律違反又は全体の利益違反のために、県知事は、以下の場合に予算の一時凍結か予算の修正を中断する：

1º 予算か予算修正が、基礎自治体議会がそのために選出された6年の任期の第一会計年度に全く関係がない限り、これらが長期計画に適合しないならば；

2º 予算の財務文書か予算修正が、基礎自治体議会がそのために選出された6年の任期の第一会計年度に関する限り資金の根拠に否定的結果を示すならば；

3º 熟知され期待される収益か収入、又は義務的な経費か費用、それらは長期計画が関わっている期間中法律か命令によって基礎自治体の好意か負担で生じるが全体か一部が予算には計上されない場合；

4º 基礎自治体議会が予算に計上したが、その全体か一部が基礎自治体に帰属しない場合か予算が法律違反の一定の経費か費用を用意する場合。

中断の誘因となる理由が長期計画内でもはや適合しない予算に影響しない限り中断はその予算の一部か複数の部分に限られることができる。

§2. 基礎自治体議会は中断の決定について自ら宣告し、新たに予算か若しくは予算の修正を確定する。同議会はその理由を説明した決定をフラーンデレン政府に送達する。決定の写しが当日県知事に送達される。

§3. フラーンデレン政府は新たに確定した予算か予算の修正について理由を説明した決定を行う。法律違反若しくは全体の利益に反することなくその取消権限に抵触せずに、フラーンデレン政府は以下の場合に予算か予算の修正を確定する：

1º 予算か予算修正が、基礎自治体議会がそのために選出された6年の任期の第一会計年度に全く関係がない限り、これらが長期計画に適合しないならば；

2º 予算か予算修正が、基礎自治体議会がそのために選出された6年の任期の第一会計年度に関する限り資金の根拠に否定的結果を示すならば；

3º 熟知され期待される収益か収入、又は義務的な経費か費用、それらは長期計画が関わっている期間中法律か命令によって基礎自治体の好意か負担で生じるが全体か一部が予算には計上されない場合；

4º 基礎自治体議会が予算に計上したが、その全体か一部が基礎自治体に帰属しない場合か予算が法律違反の一定の経費か費用を用意する場合。

第1の場合は、フラーンデレン政府は予算を長期計画に適合させるのに必要な措置を講ずる。第2の場合は、フラーンデレン政府は資金の根拠の均衡を回復する

ために必要な措置を講ずる。第3の場合は、フラーンデレン政府は職務上収入か義務的な経費を記録する。最後の場合は、フラーンデレン政府は前述の領収を削除するか若しくはそれらを正確な金額で記入する。
フラーンデレン政府はその決定を50日以内に行い、それは基礎自治体議会の決定の到着後の日に発効して遅くともその期限の最終日までに基礎自治体に送達される。同政府はその決定の写しを通知するために当日県知事に送達する。
前項に規定された期限内に何らの決定も基礎自治体当局に送達されない場合は、基礎自治体議会によって確定された予算か若しくはその修正が最終となる。
§4. 財政の立て直しの観点から資金の貸付契約をする基礎自治体の予算と基礎自治体の予算を修正する諸決定はその貸付に地域圏の保障が与えられるならば、県知事の助言とフラーンデレン政府の承認を得たことになる。
県知事は基礎自治体議会の決定の県知事による受理後30日以内にその見解を表明し、その見解を遅くともその期限の最終日までにフラーンデレン政府に送達する。その見解がなければ県知事は賛意の見解を表明したと見なされる。
フラーンデレン政府は理由を説明する決定を表明し、予算を§3に従って確定する。
第1項の意味で言及されているような諸基礎自治体の予算の執行は、このために規則によって指定された部局によって継続的に監視される。これらの部局は毎年その状況とその見通しの問題点について報告を作成する。この報告は内務行政に権限のあるフラーンデレンの大臣の所見が添えられて報告される。

　　本条では1993年4月28日の命令の第8条以下の規定は本命令に記載された新たな諸計画と権限技法に言い換えられている。本条は予算を取り扱う。今後は予算が長期計画に代わって作成されるという事実が考慮される。

　　第4段標は唯一の要素、即ち引き受けられた借入金の財政負担の予算組み替えに関する基礎自治体議会の決定を付け加えて、前述の第14条に用意された規制と一致する。その財政を考慮して借入金を減らそうとする基礎自治体としては、債務の再調整もまた特別の監督手続に服するのは当然である：長期計画への債務再調整の影響はこのためにやはり知事の勧告とフラーンデレン政府の認可が正当化されるまでに至る。

　　現金ベースの成果としては主に現金出費と現金収益始まるバランス、及び/又は見積もられた現金の流動に基づくバランスが意図される。フラーンデレン政府は'現金に基づく'という概念を詳述する。

　　最終段標の最終文との関連で国務院は命令制定者が政権にその職員たちの

活動に関連して命令しないという所見を述べている。この所見に従って最終項においてフラーンデレン政府は予算の執行について絶え間なく監視することになると定められているにすぎない。
第178条
監督官庁はどんな時でも外部監査委員会に財務状況についての決定、会計及び基礎自治体金庫を検査する委任ができる。それぞれの検査について報告が作成されて基礎自治体議会に提出される。

　本条は監督と地方自治体の間の行政監督の縮小と大量の書類が行き交うことの回避に適合する。

第Ⅷ章・フラーンデレン政府による一層の詳述

第179条

フラーンデレン政府は本編の履行のための詳細な規定、それと併せて付属文書を定め、それには使用される模範が含まれる。

フラーンデレン政府は基礎自治体によって使用されるコンピュータ・システムに従わなければならない最小限の必要条件を定める。

  本条の第1項はさらに詳しい説明は必要ない。

  第2項は基礎自治体が操作するコンピュータ・システムに関わる。内務行政においては現在NOBについてのようにいかに情報問題が回避されうるかを調査するよう命じられている。当然そのシステムは法律の規定に従っていなければならない。さらに別のことも要求される可能性もある。それゆえフラーンデレン政府は最小限の要求を認める規定を決定する。

第Ⅴ編 – 基礎自治体の職務規程

第Ⅰ章・基礎自治体の文書

第Ⅰ節・文書の作成と署名
第180条
基礎自治体書記は基礎自治体議会及び首長と理事たちの理事会の会議に出席し、議事録の作成並びに原本の保管に責任を持つ。
基礎自治体議会の議事録の原本は承認後基礎自治体議会議長と基礎自治体書記によって署名される。首長と理事たちの理事会の議事録の原本は承認後首長と基礎自治体書記によって署名される。

> これらの規定は新基礎自治体法の第109条から第115条までの再掲である。
> 首長は必ずしもこれからいつでも同時に基礎自治体議会の議長になるとは限らないので、基礎自治体議会の会議録は、これからは基礎自治体の議長と基礎自治体書記によって署名されなければならない。

第181条
§1. 基礎自治体議会の会議の議事録は年代順に全ての討議された題目やさらに基礎自治体議会が決定に至らなかった事項に及んだ結果にも言及する。それらは全ての決定と投票の結果について報告する。秘密投票によるものを除いて議事録は各議員がどのように投票したかに言及する。
§2. 首長と理事たちの理事会の議事録は理事会の諸決定に言及する。
理事会は第161条に従って提案された契約か若しくは第163条に従って、自らの責任において、基礎自治体書記か第163条に言及された会計職員に支払を命ずる場合には、その投票に関する言明が議事録に記録される理事会の各理事の要請で行われることになる。

> 本条はどのような要素が基礎自治体議会と理事会の会議の会議録に記載されなければならないかを記述している。基礎自治体議会に関する限り協議の言葉通りの再生を用意できる。

理事会の会議録には原則として決定だけが記述される。理事会が自らの責任で第161条と第163条に従って裏書きするか若しくは支払命令を発するときは、基礎自治体書記はそれにもかかわらず理事会の構成員の要求でこれらの理事たちの投票行動に関する言明を会議録に含める義務がある。
　それゆえこの場合には理事会の構成員たちはこのような言明を記録させる権利がある。これは理事会の構成員たちが他の場合にその投票行動を記録させる要求ができることを奪うことはない。

第182条

§1. 基礎自治体の諸規則、諸条例、諸決定と諸文書は基礎自治体議会議長と基礎自治体書記によって連署される。

§2. 諸規則、諸条例、首長と理事たちの理事会の諸文書は首長と基礎自治体書記によって連署される。

§3 予算管理を担当する職員たちの諸決定、諸文書及び書簡は、それらが唯その予算管理にだけ関わる限りこれらの職員たちによって署名される。

§4. 基礎自治体の書簡は首長によって署名され基礎自治体書記によって連署される。

§5. 基礎自治体議会は内規で前項の対象とはならない基礎自治体の他の文書が何人によってどのような方法で署名され、必要と考えられれば連署されるかを定める。基礎自治体議会がこの作業方法を決定しない場合には、それに対応する第2項が適用される。

　さらにここで求められるのは、首長はもはや必然的に基礎自治体議会を主宰することはないので、基礎自治体議会の諸々の規則、決定及び行為は基礎議会議長によって署名され、基礎自治体書記によって連署されることである。

　基礎自治体会への若しくはからの往復書簡も、本草案の第182条§1の意味での「基礎自治体議会の行為」であると考えられる。第1段標それゆえやはり国務院の所見に従って明らかにされる。

　国務院の所見に従って「書類」{documenten}の概念は「書類」{stukken}によって置き換えられる。

第183条

首長はその権限を、第182条の§3、§4及び§5の対象となる文書に署名する権限を首長と理事たちの理事会の一人かそれ以上の理事に委任できる。その委任はいつでもできる。

その委任をされた理事たちはまたその署名、氏名及び業務の上にその委任につい

て言及しなければならない。

　　　本条は新基礎自治体法第 110 条を完全に再掲する。

第184条

基礎自治体書記は、第 182 条の §3 から §5 に記載されているように、基礎自治体の職員の一人かそれ以上に連署する権限を委任できる。

この委任は書面で行われ、いつでもできる。基礎自治体議会はその次の最初の会議で報告される。

連署の委任を任される職員たちはまたその署名、氏名及び業務の上にその委任について言及しなければならない。

　　　本条は新基礎自治体法第 111 条に基礎が置かれる。

第185条

基礎自治体書記は、基礎自治体議会か首長と理事たちの理事会の議事録の余白に、監督官庁による決定の取消か不承認及び第 256 条第 4 項の適用に伴う決定が何ら行われなかったと考えられる事実の副報告を行う。

基礎自治体書記は基礎自治体議会か首長と理事たちの理事会にそれぞれの副報告についてその次の最初の会議でそれぞれ報告する。

　　　国務院の助言に従ってこの規定においてもやはり決定の撤回についてのきちんとした報告が用意されている。

第Ⅱ節・公布と発効

第186条

基礎自治体議会、首長と理事たちの理事会の諸規則と諸条例は、諸規則と諸条例の草案が記載している掲示の方法による前述の公布によって、それらの諸規則と諸条例が可決された日時及び必要な場合には監督官庁の決定の日時に後者により刊行される。

掲示はさらに諸規則若しくは諸条例の本文が公衆の閲覧に役立てられる場所若しくは複数の場所を記載する。

　　　本条は新基礎自治体法第 112 条を完全に再掲する。国務院の助言に応じて掲示が貼られなければならないし、その掲示がどこに、いつから、どの程度の期間貼られなければならないかがはっきりと定められる。

第187条

第 186 条に記載された諸規則や諸規定は、他の規定がない限り、それらの公布の 5 日後に発効する。

これらの諸規則若しくは諸規定は特別に記録される書留郵便で証明されなければならないが、それはフラーンデレン政府によって決められる方法で維持される。

 本条は新基礎自治体法第114条を完全に再掲する。

第Ⅲ節・公布方法
第188条
基礎自治体の書類は、法律、本命令若しくは他の命令が別の通知か報告の形を課していない限り普通郵便で関係人に送付される。内規は書類がさらに別の伝達方法で送達されるか或いは通知されるかを定めることができる。

 本条は、本命令又はいま一つのその他の命令の異なった諸規定に従って一般的な情報を提供する狙いがある。

 さらに内規が書類もまたいま一つ別の方法で伝えられるか知らされるかを定めることができる。

第Ⅳ節・基礎自治体への書簡
第189条
基礎自治体への書簡は、基礎自治体議会の異なった決定の場合を除いて、全て首長と理事たちの理事会へ宛てて書かれる。

 本条は基礎自治体との文通の一般的方法を定める。

第Ⅱ章・期限の計算方法

第190条
§1. 本命令の適用により期限は行為の後若しくは期限が開始される出来事を引き起こした日から計算され、期限にはさらに全ての日、土曜日、日曜日及び法定の休日が含まれる。満期日は期限に含まれる。但し当日が土曜日、日曜日及び法定の休日ならば、満期日は次の平日に延期される。
§2. 期限を引き起こす行為や事態がなければ、期限は期限が終了する事態から遡ることによって算出される。その場合には期限終了の事態のあった日は期限に算入される。発送日は期限に含まれない。

  本条は達成期間を統一的な方法で定める狙いがある。それゆえ本条で述べられている期間は、ここで明らかに逸脱していないならば、この規定に従って算定される。

第Ⅲ章・基礎自治体の財産

第Ⅰ節・領地法からの逸脱
第191条
基礎自治体と独立基礎自治体公社は、特別の詳細な理由があれば、業務上の諸権利を、これらの権利がこれらの財産の目的に明らかに違反しない限り、設定できる。

　本条は、基礎自治体と基礎自治体の独立法人が、特別の詳細な理由の説明をするという条件付で、公有の動産の権利を、これらの権利が明らかにこれらの動産と両立できないものでない限り、設定することができるとする。

　最近の判例法や法的教義では、家屋敷の地役権の設定に関して、これらの権利がこれらの動産と両立できないものでない限り、公有の動産の通常の状態からのある程度の逸脱が既に受け入れられている。

　実際にはさらに若干の場合には公私の財産そのものの間の区別が完全に無視されている公共事業計画が実現されている。例えば長期借地権、無償貸付けその他といった、地方当局に所属していて判例法と法的教義に従って公有地に所属する公共駐車場の実現と利用が生じる。論争が起こらず、第三者が訴訟を起こさない限り、この実用的なアプローチは実行できる。併しながら、この法的保障に関する限り、この実現にはいつでも議論の余地が残る。議論の余地がある場合には、締結された契約は裁判所によって当事者の慎重な意思に被害を加える方法で再審されることがよくある。

　この新たな規制はさらにPPS命令によって修正された新基礎自治体法の第273条の2と第263条の6に含まれているので、これらの規定は廃止されることができる。

　その規制は基礎自治体と基礎自治体の独立法人の固有の動産だけでなく、基礎自治体と基礎自治体の独立法人が全く所有していない公有動産にも関わる。

第Ⅱ節・基礎自治体の道路
第192条
フラーンデレン政府は、問題となっている基礎自治体議会と県議会の助言を経て、その基礎自治体の領域上に地域圏か県道と見なされる道路を定める。

第192条

現存する道路若しくは道路の一部がもはや地域圏若しくは県道と見なされない場合は、それらは基礎自治体議会がそれに同意するのを条件に基礎自治体道路と見なされる。この移管はこれらの道路の所有権に影響することはない。これらの道路は所有権の移管の間良好な状況になければならない。

この規定は新基礎自治体法第274条に基礎が置かれる。

常任代表団の助言は県議会の助言によって取って代わられる。従って県レベルで政策を決める機関の助言に優先権が与えられる。

第Ⅳ章・裁判所での行為

第193条
首長と理事たちの理事会は裁判所では基礎自治体代表として行動する決定をする。

  本条は新基礎自治体法第270条に用意され、多くの議論の余地を引き起こしてきた複雑な規定の簡素化を意図する。新基礎自治体法第270条の一定の規定は特にその際に原告としての役割を果たす行為のほとんどにおいて法的請求が基礎自治体議会の授権の後で理事会によって初めて提起されることが可能になるにすぎないと定める。

  基礎自治体令の本草案では法廷で原告又は被告の名前で行動する決定をするのは常に首長と理事たちの理事会である。

  この権限は委任されることはできない。これを完全に履行するためにこれは第58条に定められている。結局のところ個々の理事たち若しくは職員たちが裁判所で基礎自治体を代表するのは望ましくない。

  いま一つの問題は誰が基礎自治体代表として裁判所に出頭するか、言い換えれば訴訟において基礎自治体を代表するかである。当然基礎自治体は弁護士の口を通して現れる。併しその問題すなわち基礎自治体は、弁護士の出頭を除いて、このために理事会の理事の一人か職員の一人を代表として送り出すことができ、諸々の裁判所やその他の法廷での訴訟を規制する特別立法（特に裁判法、聖R法）で解決される。

第194条
首長と理事たちの理事会が裁判所で行動しない場合は、一人か複数の住民が、彼らが個人的に訴訟費用を負担し、いらいらさせられ、有罪判決を宣告される虞のある無謀な訴訟の場合には、損害賠償か罰金を支払う条件で、基礎自治体代表として行動できる。
この権利はさらにその事務所が基礎自治体に置かれている法人にも開かれている。基礎自治体はその名前で訴訟を提起した者の同意がなければ和解を結ぶことも行為の放棄もすることもできない。

  本条は新基礎自治体法第271条を再掲する。

  この権利はやはり登記された事業所が基礎自治体に置かれている法人にも開かれていることが明確にされた。

第Ⅴ章・基礎自治体の法人への参加

第195条

§1. 自治体間協力に関する2001年6月6日の命令に抵触せずに、基礎自治体は、それらの任務に適し、それらの社会的目的を有する協会、団体及び会社が基礎自治体の利益になる明確な業務の達成には責任を負わないそれらの社会的目的を有する協会、団体及び会社を設置し、それらに参加するか、或いはそれらにおいてそれらを代表させることができる。

同じ諸条件の下で基礎自治体は会社法の意味での別の会社を設置するか、或いはこの会社が専一的な目的として公私の協働に関する命令の意味での地方PPS計画の達成を有しているならばそれに参加することができる。

首長と理事たちの理事会は基礎自治体がそれに参加する協会、財団及び会社の全体の活性化された展望を見続ける。

§2. この設置、参加若しくは代表は基礎自治体職員の移管乃至準備又は基礎自治体の社会基盤の移管を伴わない。

§3. 基礎自治体は、これらの法人が本章の指示に従わないか若しくはその設置、参加又は代表が別の命令か法律の法的根拠に依存しない限り、基礎自治体の利益になる明確な業務を負託されない法人を設置し、直接でも間接でも関与することは禁止される。

　　国務院の助言業務と裁判権に従って基礎自治体のそれぞれの関与に対して法的効力のある権限が求められている。

　　第Ⅶ編（第245条から第247条）は、厳格な諸条件の下で、基礎自治体が基礎自治体の業務を達成させる私人に関与する場合に対しても、すなわち基礎自治体がそれ自身の権限を私法人に委任する場合に対しても既にこのような権限を含んでいる。

　　併しながらその上さらに基礎自治体の業務の自立に言及しなくても基礎自治体の利益に貢献する基礎自治体の関与が考えられる。これらは第195条の規制の対象を形づくる。それゆえ基礎自治体が関与する人々には、言い換えれば基礎自治体の利益の達成を任されていない。次のように基礎自治体はスポーツか文化団体の一つか幾つかの代表とともに調整者として行動するかまたは基礎自治体のサークル活動との交流を続けることに関与できる。またあらゆる形の討論会への参加も考えることができる。同じような関与は疑いも

なく基礎自治体の利益に寄与できる。併しながらこのためにこれらの団体のスポーツか文化活動は基礎自治体の業務とはなっていない（それらは基礎自治体か基礎自治体の諸機関によってのみ実施できる）。

　基礎自治体業務の認定に関与するか若しくは協力して設置するかを決定するのは必ずしも容易ではない。併しながら、この点では本条にもっと詳しく説明されているように、第 225 条の §3 に定められている想定によって基礎自治体と監督庁にはガイドラインが用意されている。

　基礎自治体の業務の自立若しくは分離新設とは調和しない関与に対してはいつも特別命令による権限が取得されなければならないというのは賢明でない。さらに基礎自治体業務自立の一環として通用する厳密な諸条件も関係がない。本条が社会的目的を持った団体、財団若しくは会社を創設し、若しも基礎自治体の利益になる業務が分離独立されないならば、それに関与するか代表を送るかする一般的方法で基礎自治体に権限を与える。この方法では基礎自治体がそれについて基礎自治体間協力協定が法人格を持つ協力の機会と結び付いている。若しもこれが自らの任務の分離新設を伴わないならば、2001 年 7 月 6 日の命令の第 78 条もまた一般的方法で基礎自治体に別の法人に参加する権限を与える。

　本条の通常の権限は唯 1921 年 6 月 27 日の法律に言及される法人と社会的目的を持った会社にのみ適用される。それゆえ基礎自治体は、会社法の意味での法人格を有するその他の会社のような別の法人に一般的な方法で関与する権限は付与されていない。

　行政の透明性と基礎自治体議会の情報取得権のために首長と理事たちの理事会は社会的目的を持った団体、財団若しくは会社の完全且つ更新された概要を把握することを任される。

　国務院の所見に応じるために基礎自治体の関与は基礎自治体の任務に適応していなければならないという必要要件に従って命令の本草案からは言及が削除されている。この条件は若しも基礎自治体の利益に貢献するならば、基礎自治体だけが行動しなければならないことが（そしてそれゆえ幾らかの関与が行われなければならないならば）初めて是認される。この条件はさらに基礎自治体に当てはまる憲法及び命令その他の諸規定に由来するので、そして本条のそれについての言及は明らかに混乱を引き起こすので、削除されてなくなるのが最もよい。併しながらこれによって第 195 条 §1 に従って関与のための基礎自治体の決定が基礎自治体の利益に貢献しそうにないと推論する

ことは決してできないのは明らかである。この必要要件はその他の憲法及び命令に従ってそれに抵触することなく基礎自体の行動に対して引き続き適用される。

　本条の第3段標は基礎自治体が、若しも法律とか命令によってそのための権限が付与されていないならば、法人に関与し、これを創設するかまたはそれに代表を送り込むことが禁じられているのは明らかである。それゆえ基礎自治体のそれぞれの関与に対して法律か命令による権限が用意されているかどうかが点検される。若しも関与が基礎自治体業務の自立に付随するならば、必要に応じて第Ⅶ編の権限に基礎が置かれる。若しもそれが分離新設をしない社会的目的を有する団体か財団か会社の関与、代表または創設に関係があれば、必要ならば基礎自治体が本条の§1で支援できる。会社内の分離独立なしの関与に対しては普遍的権限はなく、特別の命令か法律による権限の有無をケースバイケースで点検できる。これらの現存の権限は外とはならない。例えていえば1994年12月21日の法律の第180条、それは基礎自治体がエネルギーの生産、輸送及び販売のための会社に直接若しくは間接関与する権限を付与されたことに言及できる。

第Ⅵ章・基礎自治体間の協定

第196条
自治体間協力に関する2001年6月6日の命令に抵触することなく、基礎自治体は相互協定を締結できる。

　憲法第162条に従って命令がその下での諸条件とそれについて種々の県とか種々の基礎自治体が相互に理解しあい又は結び付けることができる方法とを定めなければならない。過去においてはこの憲法規定が相互契約の締結する民法第1134条に頼るのを除外しているかどうかについて論議があった。（基礎自治体間協力命令によって廃止された）生活共同体間に関する1986年12月22日の法律の第28条はその点に関して別の法的根拠を含んでいた。この規定は以下のように記されている：「基礎自治体は基礎自治体のための明確に定義された物品供給とサービス提供に関して一定期間契約相互協定を締結できる。生活共同体間やそのような相互協定を一緒に諸自治体と締結できる。これらの相互協定については監督官庁の承認が必要条件となる。」。

　基礎自治体相互協力に関する命令は生活共同体間法の第28条を廃止し、現在は明確に定義された契約上の協力、すなわち自治体間連合による持続的若しくは計画に基づく協力の形での規制を含むにすぎない。基礎自治体の契約締結の法的根拠に関する論議を避けるために、この規定は基礎自治体がまた持続的でない相互協定を締結できる基礎自治体令草案において明確にする。

　併しながら基礎自治体令のこの規定の記載は基礎自治体がさらに他の公法人や私法人との協定を締結するのを妨げてはいない。憲法第162条の最終項はこれとは無関係なので、ベルギー法典の基礎自治体法の規定の適用が見出せる。

第Ⅵ編 – 市民参加

第Ⅰ章・苦情処理

第197条
基礎自治体は規則によって苦情処理制度を組織できる。

　　　基礎自治体はそれに加えて少なくとも一つの苦情審理制度を組織する義務がある。必要ならば基礎自治体は法改正、調停その他のような市民参加を高めるその他の要素にこれを拡大できる。

　　　これが組織されなければならない方法に関しては、大きな自主性が基礎自治体に残されている。いずれにせよ苦情が基礎自治体によって毎年度報告書で論議されるのが望ましい。

　　　その上苦情審理の組織と手続はとにかく周知が保障されることが規則に記載されなければならない。

第198条
苦情処理制度は基礎自治体の行政レベルで苦情に関わる諸機関から独立して組織されなければならない。

　　　必要な自立性を保障するために本条は基礎自治体の行政水準に苦情審理の制度を組織し、もちろんやはり苦情に関わる部局の自主性を義務付ける。

第Ⅱ章・参加

第199条
基礎自治体議会は政策準備において、基礎自治体の業務の洗練において及びそれの評価において、市民若しくは目標集団の包摂と参加を先導する。

　　この規定は一般に市民の発言権に言及する。基礎自治体議会は、基礎自治体のサービス提供とそれらの評価で、市民たちの包摂と市民参加若しくは政策準備を保障する目標集団を先導しなければならない。

　　基礎自治体令草案の出発点は市民参加が拡大されなければならないことにある。本命令は従ってやはり市民参加を高める幾つかの要素を明らかにし、基礎自治体に一層の効果をもたらす。基礎自治体はその上規制緩和と自立の枠組が基礎自治体令にははっきりとは含まれていない別の先導を行うこともできる（質問時間、地区委員会、…）。本条はこのために法的根拠を求める意図がある。

第200条
§1. この分野に適用される法律や命令の適用という条件で、基礎自治体議会だけが正規の体系的な方法で基礎自治体行政部に助言する任務を有する助言と協議の組織を進めることができる。
§2. ここで言及される助言と協議の組織の構成員は最多の場合3分の2は同じ性である。他方、法的効力のある方法での助言は与えられることはできない。
§3. 基礎自治体議会は代表を確定する詳細な諸条件を確定し、ここで言及する助言と協議の構成、作業方法及び手続を規定する。その上さらにどのような方法で協議に及ぼす影響が明確に規定され、伝達されることになろう。基礎自治体議会は必要な資金が助言任務の達成に役立てられることを見守る。
ここで言及される助言と協議についての報告と最終文書は基礎自治体議会に伝達される。
§4. 基礎自体議会の議員たちと首長と理事たちの理事会の理事たちはここで言及される助言と協議の投票メンバーとなることはできない。

　　立法の現状では基礎自治体の諮問機関において男女の均衡の取れた代表が基礎自治体法第120条の2によって準備されている。本条は基礎自治体議会によってそのための法律か命令の義務付けなしに自主的に設置される諮問機関に関わっているにすぎない。せいぜい諮問機関の構成員の3分の2が同じ

性からなる。

　その他の諮問機関に対してはこの3分の2の規定は諮問機関における男性と女性の一層均衡の取れた代表の導入に関する1997年7月15日の命令に基づいて定められる。本命令では3分の2は同じく全ての議会、諸々の委員会に対して定められている；

　-- 法律、命令、勅令若しくは省令によって現在地域圏又は共同体の権限に属する問題に助言するために設置される；

　-- 命令によって、フラーンデレン政府令によって又は省令によって設置される。

　併しながら本命令はフラーンデレン政府に助言し、それゆえ基礎自治体や県の諮問機関ではない。

　特別の命令が定めない限り、両方の立法規定の結合は、命令に基づく根拠を有する基礎自治体の諮問機関はその構成のこれらの3分の2の規定を適用する法定義務によって拘束されないことを示す。

　すべての基礎自治体の諮問機関における男性と女性の均衡の取れた代表に関しては決定的な命令を定めるために、全ての機関や基礎自治体に助言する意図を持った協議組織にこの義務を課す表現が選ばれる。

第Ⅲ章・請願

第201条
何人も一人かそれ以上によって署名された請願書を書面で基礎自治体議会に提出する権利を有する。
基礎自治体の権限に属していない問題に関する請願書は認められない。

　　基礎自治体の政策的市民参加を高めるために第201条から第204条までは基礎自治体レベルで実施される請願書の新たな制度を意図する。国務院の所見に従うためにこの規定は基礎自治体議会への請願書にだけ関わるにすぎないことは明らかである。

　　それゆえその諸規定はフラーンデレン議会に請願書を提出する権利の定めに関する2001年7月6日の特別並びに正規の命令に基づく。その規定は基礎自治体への適用を考慮して幾らか簡略化されている。

　　基礎自治体議会への請願についてのこの特別規定は、もちろん憲法第28条に従った全ての基礎自治体行政部への、それゆえ理事会、首長等々への請願提出権を妨げることはない。その特別規定は第201条に用意され、従って引き続き基礎自治体議会への請願書に適用される。

　　請願書の提出と処理の規定への命令制定者の権限並びに基礎自治体議会への請願に関しては以下のとおり記述されている。

　　目下のところフラーンデレンの命令制定者が基礎自治体諸機関組織と活動を定める権限に基づき基礎自治体諸機関への請願書の処理について権限があると考えられなければならない。国務院の立法部はこれを—暗黙裏に—承認していて、その34,480/3号の勧告で'市民発案'の期待された規定に関していかなる批評も表明していない。

　　明らかに命令制定者は請願権を形骸化する規定を上手く行う規定についての権限を持っていない（憲法第28条）。併しながらフラーンデレン政府への請願書を基礎自治体レベルに移し替えるのには問題はない。国務院の以前の所見からは命令制定者が請願権の'強化'には基礎自治体レベルでの代表制度の原則を無視できないという別の憲法上の制約が存在するということが推論できる。例えば類推によって市民団体がフラーンデレン議会に命令草案を提出するのを認める'国民発案'を導入するフラーンデレンの命令草案提出に対する国務院による却下を指摘できる（聖議会第Ⅵ議会1996年〜1997年、

470/2）。

　併しながらこのような異議は請願書に関する現行の規定には当てはまらず、幾つかの条件を満たす請願書に関しては通常の応答権の保障が存在するにすぎないが、それによって請願者若しくは請願者代表が聴聞されることができる。このような応答権は請願権の本質そのものに属するように思われる（例えば Ph.DeKeyser『請願権は粉塵か？』、T.B.P.2000年、（596）、604～605頁及びその場所参照）。

　基礎自治体への請願書に関する命令の規定については、特別多数決は要求されない。フラーンデレン議会への請願書に関しては、これは――部―多分その場合には、今日ではこの規定は機構改革法第41条の（含意された）修正を意味する。フラーンデレンの命令制定者はそのために彼に認められた「憲法上の自治」によって権限が与えられたが、この権限は特別多数決によって行使されなければならない。併しながらこの問題は基礎自治体への請願書に関する規定とは関係がない。

第202条
基礎自治体議会は提出された請願書をそれらの内容の説明要求に応じて首長と理事たちの理事会若しくは基礎自治体議会の一委員会に送達できる。
請願者若しくは複数人によって請願書が署名されている場合には請願の筆頭署名人が聴聞を受けることができる。
　　本条の説明には第201条の説明を参照するよう指示される。

第203条
基礎自治体議会の内規は複数人によって請願書が署名されている場合には請願の筆頭署名人が請願提出後3か月以内に理由を説明する答弁をする権利を有する。
　　本条の説明には第201条の説明を参照するよう指示される。

第204条
基礎自治体議会の内規はこの権利が行使される詳細な諸条件と請願が処理される方法を定める。
　　本条の説明には第201条の説明を参照するよう指示される。

第Ⅳ章・住民投票

第205条
基礎自治体議会は自らの発案でか若しくは基礎自治体住民たちの請求によって第2条第1項に言及されている事項について住民たちに助言する決定ができる。
基礎自治体住民たちから提起される発案は少なくとも以下によって支持されなければならない：
1º 住民15,000人以下の基礎自治体では住民の20％；
2º 住民が少なくとも15,000人から30,000人以下の基礎自治体では住民の3,000人；
3º 住民が少なくとも30,000人の基礎自治体では住民の10％。

  本条は新基礎自治体法第318条の諸規定が再掲される。

  そこに参照するよう指示された諸問題は新基礎自治体法に意図されたのと同じである。

  第6条の§1、Ⅷ、第1項は、2001年7月13日の特別法によって修正されたように、地域圏の「県と基礎自治体の設立の構成、組織、権限及び職務」に関する権限を担う。国会による上述の特別法の準備からは「基礎自治体の住民投票」は地域圏へのこの権限移譲に含まれていると考えられたのは明らかである。なぜなら説明覚書では基礎自治体の住民投票は「基礎自治体と県に関する組織立法」に属する諸問題の余すところのない列挙に現れ、それについての権限は地域圏に移譲された。上院の制度問題委員会への説明会の中で副首相と外務相は次のようにはっきりと述べた：「結局それは、組織法に基づいて、これも地域圏の権限となる基礎自治体の住民投票に関する立法となる。」（また上院立法部の勧告、34,480/3 第16段標を見よ）。

  さらに2005年2月25日の憲法第41条の修正にも言及がなされる（ベルギー法令全書2005年3月11日）。憲法第41条第4項の法律という文言を第134条に意図された規則で入れ替えることによって、憲法もまた以後地域圏が基礎自治体と県の利益となる諸問題について住民投票の一層の効力と組織を準備する権限を有していることを明確に決定する。

第206条
基礎自治体住民たちの発案に関する協議の請求はいずれも書留郵便で首長と理事たちの理事会に送達される。

理由を説明した適切な公文書と基礎自治体が情報を提供できる書類は請願書に添付される。

　　　　本条は新基礎自治体法第319条の諸規定を再掲する。

第207条

請求は、基礎自治体によって発表された書式に従って提出された場合だけ、且つ基礎自治体名と、刑法典第196条の本文の外、以下の文言が含まれている場合だけ容認される：

1º 提案された協議に関係する質問か諸質問；

2º 請願書に署名した各人の姓、名、生年月日及び住所；

3º 発案の協議を行う住民たちの姓、名、生年月日及び住所。

　　　　本条は新基礎自治体法第320条の諸規定を再掲する。

第208条

請求受領後首長と理事たちの理事会の理事たちは有効な署名人たちの十分な人数によって支持されているかを検査する。

検査の結果として首長と理事たちの理事会の理事たちは以下を削除する：

1º 二重署名；

2º 第209条に言及されている諸条件を満たしていない者たちの署名；

3º 提供された資料がその身分を十分確認できる者たちの署名。

検査は有効な署名数に達したときに終了する。その場合に基礎自治体は住民投票を計画する。

　　　　本条は新基礎自治体法第321条の諸規定を再掲する。

第209条

§1. 個人は以下の場合に住民投票を請求するか若しくはそれに参加できる：

1º 基礎自治体の住民登録に登録されているか若しくは記入されている；

2º 満16歳に達している；

3º 基礎自治体議会議員の投票権を剥奪か一時停止を伴う刑の宣告か決定の対象となっていない。

§2. 請願書が住民投票を請求している者たちによって提出された日に§1の諸条件が満たされなければならない。

住民投票に参加する者たちについては§1の2º と3º に言及されている諸条件が協議の日に、又§1の1º に言及された住民投票参加者名簿が締め切られる日に満たされなければならない。

住民投票に参加する者たちの名簿が締め切られた日以降に、基礎自治体議会選挙

人として協議の日に有罪判決か若しくは選挙権の剥奪か、その権利の一時停止決定の対象となっている参加者たちは住民投票への参加者名簿から削除される。

§3.選挙法典第13条は§1に言及された諸条件に合致する種類の者全てに適用される。

ベルギー人以外の市民たちと年齢が18歳未満のベルギー人の若者たちに対しては、基礎自治体議会選挙人たちの負担と宣言された場合には、有罪判決か拘留が通常の法的手段で対抗できない選挙権の剥奪かこの権利の一時停止を招くことになるならば、諸裁判所所属の検察官たちは裁判所に対してその旨通知する。参加者たちの名簿が作成されてから後の通知の場合には当事者たちはこの名簿から削除される。

　　　　本条は新基礎自治体法第321条§1〜3の諸規定を再掲する。

第210条

協議以前の30日間に首長と理事たちの理事会は住民投票参加者たちの名簿を作成する。

その名簿には以下の者たちが記載される：

1º 基礎自治体の住民登録に記載されているか言及された日に基礎自治体の住民登録に登録されていて第209条§1に記載されているその他の参加諸条件を満たしている者たち；

2º この日と協議の日の間に16歳の年齢に達する参加者たち；

3º 投票権の一時停止が終了するか若しくは遅くとも協議のために確定されている日に達している者たち。

参加の諸条件に合致している各人については、住民投票参加者たちの名簿は姓、名、生年月日、性別及び主な住所を記載する。名簿は連続の番号及びできれば基礎自治体の地区ごとに、参加者のアルファベット順か地理的に街路によって作成される。

　　　　本条は新基礎自治体法第322条§4の諸規定を再掲する。

第211条

住民投票への参加は義務ではない。各参加者は投票権を有する。投票は秘密である。

住民投票は日曜日にだけ実施される。参加者たちは午前8時から午後1時まで認められる。さらに午後1時前に投票所にいた者は投票が認められる。

　　　　本条は新基礎自治体法第322条§5の諸規定を再掲する。

第212条
投票は少なくとも以下の住民数が協議に参加するまでは実施されない：
1º 住民 15,000 人以下の基礎自治体では住民の 20％；
2º 住民が少なくとも 15,000 人から 30,000 人以下の基礎自治体では住民の 3,000 人；
3º 住民が少なくとも 30,000 人の基礎自治体では住民の 10％。
> 本条は新基礎自治体法第 322 条 §6 の諸規定を再掲する。

第213条
選挙法典第 147 条の 2 の諸規定は、「投票人」や「投票人たち」という後は常にそれぞれ「参加者」や「参加者たち」という語、及び「選挙」や「諸選挙」という語は「住民投票」という語によって置き換えられて、基礎自治体の住民投票に適用される。
> 本条は新基礎自治体法第 322 条 §7 の諸規定を再掲する。

第214条
§1. 人事の諸問題及び諸々の会計、予算、基礎自治体税及び報酬の諸問題は協議の対象とすることはできない。
外国人の領土の利用権、滞在、永住及び移住に関する 1980 年 12 月 15 日の法律の第 18 条の 2 の適用はいずれも協議の対象とすることはできない。
§2. 協議は同様に基礎自治体議会の全面改選のための投票人たちの例会の前の 12 か月の期間中は計画できない。さらに国民代表議会、上院、諸評議会及び欧州議会議員の直接選挙のための 40 日間には計画することはできない。
基礎自治体の住民は 6 か月毎に 1 度だけ、会期期間毎に最大限 6 回の協議を持って協議を受けることができる。基礎自治体議会の 2 度の全面改選の期間中に住民投票は同一対象について 1 度だけ行える。
> 本条は新基礎自治体法第 323 条の諸規定を再掲するが、併し基礎自治体議会選挙の前 16 か月の期間、及びそれ以外の間では基礎自治体の住民投票は組織されえない期間を 12 か月とする。つまり 12 か月の期間は基礎自治体議会の過去の会期期間中に実施された政策についての有権者による評価について何か一つの特別の疑問を提起するのを妨げるには十分と思われる。

第215条
国民投票実施の請願は首長と理事たちの理事会と基礎自治体議会の次の会議の議事日程に記入される。
登録が第 208 条に言及された検査の後で行われて終了する。

理事会は、基礎自治体議会が明確に請願書について決定する権限を有していない限り、基礎自治体議会の議事日程への登録に責任を有する。この点について疑問があれば、基礎自治体議会が決定する。

  本条は新基礎自治体法第324条の諸規定を再掲する。
  国務院の所見に従って新基礎自治体法に用意されたように議事日程表の記載は理事会による代わりに基礎自治体議会の議長によって行われることが求められる。つまり本草案の第20条はこの特権を原則的に基礎自治体議会の議長に置く。

第216条
あらゆる決定は住民投票を行うか否かがはっきりと理由説明される。
前項はさらに協議の対象となっている事項に直接関係のあるあらゆる決定に適用される。

  本条は新基礎自治体法第325条の諸規定を再掲する。

第217条
協議の日の前の少なくとも1か月間に基礎自治体は住民たちに協議の対象が客観的に説明されている小冊子を作成する。この小冊子はさらに住民たちが協議を受ける予定の質問若しくは諸質問と併せて、「第226条」第2項に言及されている理由を説明した公文書を含む。

  本条は新基礎自治体法第326条の諸規定を再掲する。

第218条
質問はイエスかノーで答えられるような方法で述べられていなければならない。

  本条は新基礎自治体法第327条の諸規定を再掲する。

第219条
フラーンデレン政府は、基礎自治体議会議員選挙法に言及されている手続に準拠して、基礎自治体の住民投票実施のための詳細な手続規定を定める。

  本条は新基礎自治体法第328条の諸規定を再掲する。

第220条
フラーンデレン政府は協議の結果が住民に知らされる方法を定める。

  本条は新基礎自治体法第329条の諸規定を再掲する。

第Ⅶ編 – 基礎自治体独立諸機関

第Ⅰ章・基礎自治体内部独立諸機関

第221条
§1. 内部独立諸機関は、基礎自治体によって基礎自治体のための特別の政策遂行業務を負託され、第222条に言及されている様な運営上の自主性を有した固有の法人格は持たない部局である。
それらは本命令の第Ⅱ編第Ⅵ章｛第Ⅴ章？原文中には見当たらない｝言及されている基礎自治体の一般部局には帰属しない。
§2. 基礎自治体議会は法人格を持たない内部独立諸機関を設置する権限を有する。
§3. 内部独立機関の長はその権限の委任と下部への委任の起こりうる可能性を侵害せずに、全体の運営、活動及び代表の責任を負う。

　　本条は基礎自治体レベルでの内部独立機関の設置の可能性を準備する。

　　これは基礎自治体議会の委任されなかった権限に関わる。

　　基礎自治体の内部独立機関の様相は地区レベルの予算管理自治の形態の創設のための枠組を形成できる。フラーンデレン政府令によって（第224条と共に第179条を見よ）そのために一層正確な取決めがなされうる。

　　本命令の本質は基礎自治体自身が独立方法について決定することにある。何よりも内部独立は、それが基礎自治体の諸機関と最も緊密な管理を維持しているので首尾一貫している。予想される内部独立諸機関の具体例は文化センター、体育館、水泳プールの管理、そしてさらに通常の事項では今日非営利の法形式がしばしば使われる。併しながら、これは私法の領域に属し、その管理はしばしば正規の公法的規制や民主的に選挙された議会の監視を免れる。

　　その上本命令は外郭独立の二つの形態を定める：基礎自治体自治公社と私法形態の独立機関。

第222条
内部独立機関の設置決定の権限は少なくとも以下の項目を含む：
1º 内部独立機関に負託される基礎自治体のための政策遂行業務の名簿；
2º その機関の長に委任される運営上の自主性の記述。この自主性は以下に関われる：
a）その機関の設置と組織構造の変更；
b）取り決められた目標の達成を考慮した運営の進行の組織化；
c）人事政策の実施；
d）機関の活動、その機関の目標と職務の遂行のために自由に使える諸財源の使用及びその機関の任務の遂行のための諸契約の締結；
e）内部独立機関の内部統制；
f）内部独立機関の特殊な性格に照応する特殊な諸委任。
　　本条では基礎自治体の内部独立機関は少なくとも含まなければならない点が列挙される。

第223条
§1. 首長と理事たちの理事会と内部独立機関の長との間では交渉後に管理協定が締結される。管理協定は、それの何らかの期限延長、修正、一時停止若しくは解消と同様に、フラーンデレン政府に送達され、締結元の基礎自治体書記の点検に付される。
§2. 管理協定は少なくとも以下の事項を定める：
1º その機関がその職務を達成しなければならない方法とその目標の具体化；
2º それ自体の活動又はその機関の諸職務の遂行のための財源配分；
3º その下で自己収入若しくはその他の資金調達が達成されて使用できる諸条件；
4º 首長と理事たちの理事会への情報提供。
§3. 管理協定の期限延長、修正、一時停止若しくは解消という条件付で、これが基礎自治体議会の全面改選後6か月以内に終了する期間前に締結される。
管理協定とその実施は基礎自治体議会によって毎年評価される。
管理協定の期限切れ時点で新たな管理協定が発効しなければ、現行の管理協定が法の運用によって延長される。
　　本条は理事会と基礎自治体の内部独立機関の長との間で締結されなければならない管理協定に関わる。基礎自治体の内部独立機関の長は職員の長として基礎自治体書記の下に置かれる。

第224条

§1. 第Ⅳ編の諸規定は、必要な変更を加えて、以下の諸段標に記載される諸規定を適用するという条件付で基礎自治体の内部独立諸機関に適用される。

§2. 内部独立機関の予算と年次会計はフラーンデレン政府によって確定される詳細な諸規則に従って具体化される。

§3. 機関の長は基礎自治体内部独立機関の予算に対する予算保有者である。彼は予算管理を管理協定に記述された制限内で他の職員たちに委任できる。

　　　本条は詳しい説明は必要ない。

第Ⅱ章・基礎自治体外郭独立諸機関

第Ⅰ節・一般諸規定
第225条
§1. 基礎自治体の外郭独立諸機関は基礎自治体によって設置されるか若しくはそれに基礎自治体が参加する基礎自治体の利益となる特別の政策遂行職務を負託される固有の法人格を有する部局である。基礎自治体の外郭独立諸機関はさらに政策遂行に関わるその職務の立場から政策準備に含められる。フラーンデレン政府は基礎自治体の外郭独立諸機関がそのために設置されることができる基礎自治体の職務をさらに詳しく定められる。
他の法律や命令の諸規定を適用するという条件付で基礎自治体の外郭独立諸機関は基礎自治体の利益となる諸職務を別の諸法人にその全部もその一部も委任することはできない。
§2. 諸基礎自治体は基礎自治体の利益となる明確に定義された諸職務を負託される諸法人を設置したり直接か間接に参加したり若しくは代表させたりすること、或いはこれらの法人の職員、財源及び活動基盤を準備したり、又はその他の資産を自由に使えるようにしたりすることを、それらの法人が本編の指示に対応できないか又は設置、参加若しくは代表のための別の命令か法律の根拠があれば禁止される。
§3. §2の適用の観点から、法人は基礎自治体によって基礎自治体の利益となる十分に練られた業務を、以下の諸条件の一つを満たしていれば負託されると推測される：
1º その機関の一つかそれ以上が問題の基礎自治体の議会議員若しくは首長と理事たちの理事会の構成員によって構成されるか、或いはその機関の構成員の半数以上がそれらの者たちによって任命されるか指名される；
2º 基礎自治体かその代表たちが一つかそれ以上の機関において投票権の過半数を有している；
3º その諸財源の半分以上が基礎自治体予算の負担とされている。

　　　本条の第1段標は基礎自治体の外郭独立諸機関の種類を定義する。それは2種の累積条件を満たす法人である。
　　-- 基礎自治体の外郭独立諸機関は外部に独立している。これはそれらが創設者の基礎自治体からは分離された独自の法人格を有していることを意味す

る。

－ それらは基礎自治体によって創設されたかまたは基礎自治体が基礎自治体のために明確に定義された職務の遂行を部分的に担わせるために引き受ける。

それがそれ自身の法人格を持っているか否かは些か議論の余地があろう。

基礎自治体が、基礎自治体のためになるそれらの明確に定義された職務を遂行させるために法人に関与するか、若しくは共同で創設するかは余り明らかではない。本草案は原則として基礎自治体の外郭民営化が基礎自治体のためになる政策遂行にとってのみ可能になることを予定する。その上本草案はまた政策準備への外郭独立諸機関の関与能力を用意する（例えば研究論文の提供によって等々）。2003年7月18日の行政政策に関する枠組命令では同様な能力が予定されている。それにもかかわらず本来の政策決定そのものは基礎自治体議会に属することを物語る。この規定にはそれに対して完全な政策準備及び／又は政策決定が確信されるいわゆる命令の創出を避ける意図がある。本草案はさらにフラーンデレン政府がそのために基礎自治体外郭独立諸機関が創設されうる基礎自治体のためになる諸職務をさらに詳しく決定できるよう用意する。

上述の限界内で基礎自治体は或る活動が結局自ら基礎自治体のためになる職務か否かを決定することになる。監督庁だけがこの決定を副次的に検証できる。

或る活動について基礎自治体のためになると考える決定は必ずしも明確ではない。それはまた暗黙に助成金の授与、その職務の遂行に責任を取る者たちの推薦または任命等々にも見られる。

第2段標は基礎自治体について本編かその他の命令又は法律の規定で提供される以外の方法で、法人に関与するかまたはそれらを創設し、資産をそれらに利用できるようにするのを禁止することを決める。

独立が話に出て基礎自治体が二つの練り上げられた形態の一つを利用しないならば、そのときは§2の禁止が適用される。同様な関与は違法であり、裁判と監督庁によって制裁を加えられることができる。禁止規定は当然基礎自治体のためになる全ての業務に適用され、基礎自治体のためになる政策遂行業務に限定されない。

それらの第三者や協会が少なくとも本命令で言及されているような基礎自治体のためになる非常に明確な業務を担っていない限り、職員が市場に従っ

た方法で、また基礎自治体の管理と両立できる方法で第三者の利用を排除し、基礎自治体が助成金の付与に結び付けるのを排除するつもりでないのは明らかである。

　新たな規定はそれゆえそのために適切な命令か法律の規定が存在している、基礎自治体間の共同事業とか基礎自治体の地方雇用諸機関のような基礎自治体の現存する団体とか法人に害を与えるものではない。その上傘下の団体が基礎自治体のためになる非常に明確な業務を担っていない限り、その創設を妨げられることはない。もちろんそれは当然第195条に合致していなければならない。

　国務院は新基礎自治体法第144条の2が唯基礎自治体だけが公共福祉センター、社会住宅会社若しくは非営利目的組織にだけ契約職員を利用できるのを認める所見を述べている。その規定は国務院に従って労働法の一部を形成し、連邦政府の権限に属している（機構改革法第6条§1）。本草案の第225条§2は利用する可能性を広げる限り、命令制定者自身は必要な限り暗黙の権限に訴えることができる（機構改革法第10条）。なぜなら上述の規定は地方自治体に関するフラーンデレン地域圏の権限の執行に必要と考えられるからである。さらに利用は既に公共福祉センター、社会住宅会社若しくは非営利目的組織に可能なので、連邦権限の異なる規定の影響はとにかく唯副次的に留まる。

　第3段標は一個人が基礎自治体のためになる職務を担わされる3つの代案を詳述する。列挙された条件は累積ではない。これは基礎自治体が一法人の政策決定機関の一つか、その個人が基礎自治体の予算に由来する個人の資力の大多数に決定的な影響力を発揮できる場合に関わる。それは論破できる不完全な愚行である。

　論破できる（Weerlegebaar）とは、そのために諸条件が満たされているにもかかわらず、諸活動が基礎自治体のためになると見なされないことが証明されうる。明確な1年間に、特別な場合の手当の授与によって、基礎自治体から個人の資力の大多数を受け取る基礎自治体の団体には配慮がなされるだろう。不完全な（Niet-limitatief）とは、やはりそのためになお3つの代案のいずれかでは満たされないとしても、基礎自治体のためになる活動であると決定されることができる。その団体の管理機関が基礎自治体によって支配されていなくても基礎自治体の社会基盤施設が所属する幾つかの団体と考えられる。

第226条

他の法律や命令の諸規定を適用するという条件付で、基礎自治体の外郭独立諸機関には２つの形態がある；
1º 基礎自治体自治公社；
2º 私法形態の基礎自治体外郭独立機関。

　　　本条は詳しい説明は必要ない。

第227条

基礎自治体外郭独立機関を設置する決定は基礎自治体の全面改選の前12か月の期間の経過中は行うことができない。

いずれの基礎自治体外郭独立機関も基礎自治体議会に、基礎自治体議会の全面改選後の初年度中のその発効後に、管理又は協力契約の実施について評価報告書を提出する。この報告はさらにそれについて基礎自治体議会が自ら３か月以内に宣告した独立性についての評価も含む。

首長と理事たちの理事会は全ての基礎自治体外郭独立機関について完全且つ最新の概要、それらの定款及び基礎自治体との協定を守る。

　　　基礎自治体間の協力に関する命令に従って、基礎自治体議会選挙の前の１年間に、基礎自治体の外郭独立諸機関の創設か若しくは関与を開始できる。その最終期間はそれによって基礎自治体自治公社が基礎自治体の外郭独立機関ではその創設若しくはそれへの関与が私法形態で決定される基礎自治体議会の決定に結び付けられる。それは新法人における具体的な創設若しくは関与によってこれらの基礎自治体議会の諸決定の一層の遂行とは無関係である。

　　　基礎自治体の外郭独立機関が法人の設立によって創設されるかどうか（仮説第245の§1第１項）、または基礎自治体の関与によって変形されるかどうか（仮説第245の§1の最終項）は、第227条への該当によって違いはない。両仮説は最終期間となる。

　　　いずれの機関（基礎自治体自治公社も私法形態の外郭独立機関も）も新立法部の初年度に基礎自治体議会に評価報告書を提出するが、そこではやはり民営化についての動機づけが評価される。その報告書の転送が語られた後３か月以内に基礎自治体議会はその報告書の内容についてまたその機関の自立の維持、廃止若しくは拡充について決定するはずである。

　　　行政の透明性と基礎自治体議員たちの情報取得権を保障するために、首長と理事たちの理事会は基礎自治体の外郭独立機関の完全且つ最新の概要と、さらにその定款や基礎自治体との協約の維持を命じられる。

第228条
基礎自治体外郭独立諸機関は基礎自治体に適用される正式の理由説明と情報公開責任を科せられる。

　　独立によって行政の透明性が失われるのを避けるために基礎自治体の外郭独立機関は基礎自治体の創出若しくは関与に適用される行政の正規の弁明の周知を図る責任を取らされる。

　　その上その機関はさらに立法部の政府調達、政府の徴税、…といったような別の公法制度にも従わされることもできるはずである。これは連邦立法部に関わり、それについては、フラーンデレン地域圏はその適用領域を決定できない。ケースバイケースである機関が当該規制の適用諸条件を満たしているかどうかを点検できる。基礎自治体の分権化された、私企業の域を超えている業務について基礎自治体によって付託された業務として、外郭独立諸機関はとにかく行政の鉄壁な法規に従わされることになる。

第229条
以下の者たちは基礎自治体外郭独立諸機関において代表たち若しくは理事たちに指名されたり任命されたりすることはできない：
1° 県知事たち、ブリュッセル首都行政圏の知事と副知事、フラーンデレン・ブラバント県の知事代理、県書記たち、基礎自治体外郭独立諸機関がそれらの行政区域に設置されている限り郡委員たち及び郡委員補たち；
2° 各種裁判所、行政裁判所及び仲裁院の判事たち、判事補たち及び書記たち；
3° 基礎自治体外郭独立機関を設置しているかそれに関与している基礎自治体がそれに帰属している警察管区の運用、管理若しくは兵站の枠内の要員たち；
4° その機関が機関と同じ政策領域の活動に関与するかそれらを遂行する法人若しくは管理又は監督機関の要員たち若しくは法人の使用人たち；
5° 欧州連合の他の加盟国で本条に言及されている在職しているか職務を執行している者たち、及び欧州連合の他の加盟国の地方基盤の政府で基礎自治体議会議員、理事たち若しくは首長に相当する職か議員の職にある者たち。

　　本条は理事たちに適用されるような外郭独立諸機関内の基礎自治体代表たちに同様な両立不能を設ける。

　　「指名」と「任命」との区別は外郭独立諸機関の性質に関係がある。基礎自治体の自治公社では理事会の理事たちは基礎自治体によって任命されるか指名される。私法によって管理される諸機関では基礎自治体議会がその機関の任命組織（例えば会社の総会）への理事たちの指名を行い、その後任命組織

が当該人物を理事に任命する。

その外本条はその機関は関与せず、機関として同じ政策領域で諸活動を遂行する法人の管理又は監督組織の要員たち或いは法人の従業員たちについての追加の両立不能を4ºで準備する。この両立不能は業務維持とサービス提供の管理要員たちを準備する基礎自治体間団体協力に関する2001年7月6日の命令の第48条に相等する。

第230条
基礎自治体議会の決定において基礎自治体はその基礎自治体外郭独立諸機関に財源、生活・経済活動基盤を用意するか転移し、或いは適用できる法的地位の諸規定が案件に合致するならばという条件付で職員を自由に使用するか委任できる。

本条はさしあたり基礎自治体が外郭独立諸機関自体とその変形に財源その他の資力（その中には社会基盤施設も含まれる）の権限を与える。共同体基礎自治体議会によって行われた諸決定が欧州共同体条約第87号の意味での国家支援と見なせる限り、これらの諸決定は欧州委員会に通告されなければならないことになる。

本条はまた基礎自治体にそれらの諸機関に自由に使用できるか異動できる職員についての権限を与える。併しながらこの権限は職員の任命や異動に関する現行の諸規則に、又当該基礎自治体の人事法規に悪影響を与えることはない。基礎自治体の契約職員にとっては、これは新基礎自治体法の第144条の2（いずれにせよ廃止されていない条文）に従って異動だけが行えることを意味する、即ち基礎自治体の職員を公共社会福祉センター、社会住宅会社若しくは非営利目的組織にだけ利用でき、これが基礎自治体の諸利益を促進するのを認める。法令若しくは契約による職員の任命や異動は、さらにここで準備される基礎自治体の人事規則に規定された場合に限り、その規定の程度まで可能となる。

第231条
本編は海港の方針と管理に関する1999年3月2日の命令の意味するところの港湾諸会社には適用されない。

3乃至4の港湾会社は新基礎自治体法の意味での基礎自治体自治公社の形態を採る1999年3月2日の港湾令に服する。この港湾令はこれと調整されてこの法形態を補足する幾つかの付加的な諸規則を定めてきた。この特別な状況を考慮して各港湾会社はこの新規則には服させられない。それらはなお新基礎自治体法の2から3に服したままである。

第Ⅱ節・基礎自治体自治公社

第232条

基礎自治体自治公社は首長と理事たちの理事会によって作成される報告書に基づく基礎自治体自治公社の決定によって設置される。この報告書では外郭独立性の有利か不利かを相互に念入りに検討し、基礎自治体の法人内部の管理では同様の利益を提供できないことが明らかにされる。その設置の決定は基礎自治体自治公社の定款を確定する。承認の監督に関する諸規定の適用を条件に基礎自治体自治公社は上述の設置決定の日に法人格を取得する。

その設置の決定は前項に記述された報告書と一緒に、且つ基礎自治体自治公社の定款と一緒に30日以内にフラーンデレン政府に送達される。フラーンデレン政府に送達後100日以内に設置の決定は承認されるかいずれかとなる。フラーンデレン政府が決定を行って基礎自治体に送達しないうちにその期限切れとなった場合は承認が認められたと見なされる。

承認された設置の決定と定款は第1項に述べられた報告書と一緒に検査のために設置自治体の書記と基礎自治体自治公社に送達される。

　　基礎自治体自治公社は基礎自治体議会の議決によって設置される。そうであるがゆえに基礎自治体自治公社は会員たちとか株主を持たない。従って基礎自治体自治公社は私人とかその他の仲間と共同で創設できないし、またこれに関与することもできない。基礎自治体議会は基礎自治体自治公社の創設を議決し、定款を定める。

　　基礎自治体が基礎自治体自治公社を創設するならば、この創設は基礎自治体のためになる業務の完全な移譲を伴う。それは純然たる基礎自治体の機構改革であり、その際いかなる業務も第三者（私人かその他の公人）に外注されることはない。その結果、欧州競争法は適用されない。

第233条

基礎自治体自治公社の定款は少なくとも以下のことを記述する：

1º 名称と必要ならば略称；
2º 社会的目的、特に基礎自治体自治公社に負託される基礎自治体の利益となる政策執行業務の明確化；
3º 設置基礎自治体に設置される登録事務所；
4º それらの機関の構成、会合方法、活動諸条件及び諸権限；
5º 第243条適用の条件付きで、予算、会計、及び年間事業計画の作成方法；
6º 基礎自治体自治公社の解散と清算の方法。

基礎自治体自治公社が付託される基礎自治体のためになる政策遂行業務の記述を諸規則が準備することによって、社会目的の未完の記述を避けたい意向がある。残りのものについては本条は詳しい説明は必要ない。

第234条

定款の修正は、問題の基礎自治体自治公社の提案によってか若しくは助言を受けて、基礎自治体議会の決定によって行われる。

定款の修正のための基礎自治体議会の決定は、理事会の提案か若しくは助言を含む補足文書と一緒に、フラーンデレン政府に30日以内に送達される。フラーンデレン政府は修正の決定を送達後100日以内に承認か却下をする。フラーンデレン政府が決定を行って基礎自治体に送達しないうちにその期限切れとなった場合は承認が認められたと見なされる。

定款の修正は設置の決定及び定款の寄託と同様な方法で公告される。定款の完全に調整された本文は設置基礎自治体と基礎自治体自治公社の書記に点検のために寄託される。

本条は詳しい説明は必要ない。

第235条

§1. 基礎自治体との間で協議を経て管理協定が締結される。管理協定の協議の際は基礎自治体は首長と理事たちの理事会によって、又基礎自治体自治公社は取締役会によって代表される。

管理協定は、それについての何らかの更新、修正、一時停止若しくは破棄と同様、フラーンデレン政府に送達されて、設置基礎自治体と基礎自治体自治公社の書記に点検のために寄託される。

§2. 管理協定は少なくとも以下の事項を定める：

1° その機関がその職務を遂行しなければならない方法と目標の具体化；

2° 自らの活動と基礎自治体自治公社の目標達成のための財源の付与；

3° フラーンデレン政府によって定められる制限内で財源付与の諸条件に従って基礎自治体自治公社の管理活動の枠内で認められる出席手当及びその他の報酬；

4° 自己諸収入か若しくはその他の諸資金調達の諸条件が達成され使用されねばならない諸条件；

5° 達成される諸業績に対する料金が取締役会によって確定されて算定される方法；

6° 基礎自治体自治公社によって用意されるサービス提供に関する行動規範；

7° 基礎自治体自治公社が別の諸法人を設置でき、それに参加できるか若しくは代

表させることができる諸条件
8º 基礎自治体自治公社による基礎自治体への情報提供。それは少なくとも中期及び長期で年次事業計画と活動計画が用意される；
9º 基礎自治体自治公社による政策・管理関連指標と基本数値に基づく基礎自治体への報告。第 198 条第 2 項の諸規定の適用を条件に、少なくとも年次報告が過去の暦年間の管理協定の実施に関して用意される。
10º 基礎自治体自治公社が内部統制制度において用意する方法、外部監査委員会が基礎自治体自治公社のところに第 265 条に従ってそれに委任される監査諸業務を執行する方法及び外部監査委員会の基礎自治体議会への報告方法；
11º 管理協定の下でその諸義務を負っている当事者によって守られないときの諸手段と管理協定の執行から生ずる諸争論の解決に関する諸規定；
12º 管理協定が更新、修正、一時停止若しくは破棄できる諸事情と方法。
§3. 管理協定の更新、修正、一時停止若しくは破棄ができるという条件で、基礎自治体議会の全面改選から 6 か月以内に終了する期限でこれは締結されることになる。
管理協定とその実施は毎年基礎自治体議会によって評価される。
管理協定の期限切れ時に何らの新たな管理協定も実施されていなければ、現行の管理協定が法の運用によって延長される。
前項で言及された延長の 1 年以内に何らの新たな管理協定も実施されていなければ、又は管理協定が破棄か一時停止されていれば、基礎自治体議会は基礎自治体自治公社との協議を経て意図された諸事項の管理協定に関する暫定的な諸規定を確定する。これらの暫定的諸規定は新たな管理協定が発効するまで管理協定として適用されることになろう。

　　本条は各基礎自治体自治公社とその創設者の基礎自治体の間で締結されなければならない管理協定の創設、内容、終結及び更新を規制する。管理協定の技法は、現在既にフラーンデレンと連邦のレベルの自立で導入が見られているが、本命令によって基礎自治体のレベルでも採用される。
　　第 2 段標は管理協定において規制されなければならない少なくとも幾つかの題目を列挙する。これらの題目はさらに若干のフラーンデレン公共施設（フラーンデレン RT、フラーンデレン DAB、フラーンデレン投資会社、…）の管理協定のように、現在行政実務で取り扱われている管理協定に見出すことができる。
　　第 3 段標の第 1 項は管理協定の期間を基礎自治体議会の全面改選後 6 か月

の終了時に制限する。それは管理協定の期間と立法部の任期を連結する狙いがある。このように多数派の交代が再交渉に導き、新たな政策優先諸事項への協定調整に導くことができるのを保障する。新たな基礎自治体議会及び新たな首長と理事たちの理事会の成立と管理協定の終結との間に、従ってさらに新たな管理協定の締結、6か月の「移行期」が認められる。この間隔はその後で新たな管理協定に変えられるそれの政策優先事項を確定する権限を認める。

　第3段標の第2項は基礎自治体議会に管理協定とそれについての毎年の達成を評価する責任を課す。基礎自治体議会はこの評価をその期間によって作成された報告書に基づいて作成できることになる。基礎自治体議会は管理協定の様々な要素の遂行についての洞察を入手するためにこの報告書の討議に時間を割かなければならない。この討議は当然議員たちのさらなる質疑と管理協定の再交渉にさえ導くことができる。必要ならば、管理協定が基礎自治体とその機関との間で相互協定によって調整できる。調整のこのような諸様式と諸条件は予め管理協定に形式化できる。

　第3段標の第3項と第4項は管理協定の期間が期限切れで失効したが新たな管理協定がまだ発効していない状況を扱う。そのような場合には現行の管理協定が法律の運用によって延長される。そのように協定が1年間延長された後、基礎自治体議会はそのような場合関係機関との協議を経て、必要ならば、管理協定に正常に規定されている諸事項を規制する暫定的な諸規定を一方的に適用できる。これらの規定はその後新たな協定が締結されるまで管理協定として通用する。若しも管理協定が、改変の場合とか不履行による失効といったような期限切れ失効以外の理由で期限切れとなるならば、基礎自治体議会は直ちに一方的に暫定的な諸規定を確定できる。

第236条

§1. 基礎自治体自治公社は取締役会を有する。

取締役会は命令によってか、定款においてか、管理協定において基礎自治体議会に明確に留保されていないあらゆることに権限を有する。

取締役会は法律上原告としてか若しくは被告として基礎自治体自治公社を代表する。

取締役会の定款で確定されている制限内で全ての職員問題について権限を有する。

§2. 取締役会の構成員の人数は基礎自治体議会議員の人数の半数に達するが、12人が絶対多数となる。取締役会の構成員の同性は最大3分の2である。

取締役会の構成員は基礎自治体議会によって指名される。
各会派は少なくとも取締役会の構成員一人を指名でき、指名権は各会派に取締役会での代表を保障する。併しながら保障された代表が首長と理事たちの理事会において少なくとも取締役会の構成員の半数を引き受け損なうならば、委任はそこから基礎自治体議会が構成されている政治諸会派に平等に配分される。
取締役会の構成員の委任は更新できる。取締役会の構成員たちは基礎自治体議会によっていつでも解任できる。基礎自治体議会の全面改選後に取締役会は完全に更新される。その場合は取締役会の構成員たちは新たな基礎自治体議会の交代が行われるまで残任する。
取締役会はその構成員の中から設置基礎自治体の首長と理事たちの理事会の理事の一員となる予定の理事長を選任する。
§3. 取締役たちは個人としては基礎自治体自治公社に拘束されない。
取締役たちはその管理の通常の欠陥に対して連帯責任を負うことはない。彼らが関与していない違反に関しては、取締役たちは、何らの責任もないならば、又彼らが知るようになってから1か月以内に基礎自治体議会においてこれらの違反が告発された場合には、責められることはない。
毎年度基礎自治体議会は、会計の承認後にされる弁済の承認について決定する。この弁済は基礎自治体自治公社の正確な状況が会計において若しくは管理協定の執行に関する報告において何らかの欠落か不正確な記述によって隠蔽されていない限り法的に有功である。
§4. 取締役は以下のことはできない：
1° 同人が直接的利益を有するか若しくは夫か血縁 - 親族たちが個人的に或いは親族として4等親を含み直接的利益を有する事項についての討議若しくは投票に、個人としてか若しくは代表として出席している。この禁止は、それが候補者たちの任命、指名、解任及び職の一時停止となるときは2等親以上の血縁や姻戚には及ばない。この規定のために夫と合法的に同棲する者たちは同等の扱いを受ける；
2° 基礎自治体自治公社と直接か間接に協定を締結する；
3° 弁護士か公証人として直接か間接に基礎自治体の独立自治公社のために報酬を得て争論で働く。さらにこの禁止は特に協会、団体、協働の範囲内又は事務所の同一住所で働く者たちに関して当てはまる。
4° 争訟において弁護士若しくは公証人として基礎自治体自治公社内の雇用に関する諸決定に関して直接か若しくは間接に基礎自治体自治公社の相手として又は基礎自治体自治公社の職員として働く。さらにこの禁止は特に協会、団体、協働の

範囲内か若しくは住所の同じ事務所で働く者たちに適用される。

　　　基礎自治体自治公社は自由に行使できる十分な権限を有する理事会によって指揮が執られる。その理事会の理事たちの人数は基礎自治体議員数の半分に、その場合には最大限12名に制限される。

　　　基礎自治体議会は理事会の理事たちを任命し、さらに随時その解任を決定できる。その規定は基礎自治体議会に広範な自由裁量権を与える。その権限は勝手に変質してよいわけでないのは明らかである。国務院が適切に指摘しているように、従って理事の解任はどんな場合にも適切な行政の一般諸原則、とりわけ聴聞の義務と理由を述べる義務に従わねばならず、さらに権限の濫費を見せてはならないだろう。

　　　議員たちはいずれにせよ基礎自治体議会の全面更新後に再選される。

　　　併し理事たちは基礎自治体議会とか首長と理事たちの理事会の一員とはなれない。このように正真正銘の独立が達成され、それによって管理者たちが基礎自治体議会に対して負わねばならない責任が遵守される。毎年管理者たちは、若しもこの管理が適切に果たされているということが報告から明らかにされれば、基礎自治体議会によって義務の遂行が承認される。最小限一人の職員が基礎自治体行政との関係を保障するために、その理事会の議長は創設者の基礎自治体の首長と理事たちの理事会の一員でなければならないと明記されている。理事会内の内部職務配分に従って、特に民営化された活動の追加に焦点を当てることが通常は理事たちに期待される。

　　　行政部と理事会の男女の均衡の取れた代表に関する諸規定は、1999年5月18日の命令で準備されているように、ここに記載されているフラーンデレン政府からの推論によって採択されることになる。

第237条

定款は取締役会に日常の管理、その管理に関して基礎自治体自治公社職員に再委任できるか否かについて代表、及び取締役会の諸決定の準備と執行を管理委員会又は基礎自治体自治公社に負託させることができる。

管理委員会の構成員たち若しくは委任される管理者たちは管理委員会によって任命される。

　　　創設者の基礎自治体はその条例に基礎自治体自治公社が執行部並びに理事会の諸決定の準備と執行を執行委員会か委任された理事に付託できるかどうかを定める。適切な場合にはこれらの人々は理事会によって任命されるが必ずしもその中からではない。その条例はそれについての日常の管理機関の任

命と解任がもたらされる方法を規制する。その条例はその委員会か委任された部局に基礎自治体自治公社の職員たちにその権限の幾らかを委任するのを認めることができる。

第238条
取締役会と管理委員会の会議は非公開である。それらの会議の議事録と議事録に記載される全ての公文書は基礎自治体書記に点検のために負託される。
　　本条は詳しい説明は必要ない。

第239条
前条に定められた行政機関以外に決定権を有する他の行政機関はない。
　　本条は基礎自治体自治公社の意思決定権を有する諸機関を、基礎自治体議会、理事か場合によっては管理委員会又は専務理事に対して制限する。その上条例は多分拘束力のない勧告権を有する委員会を準備することができる。

第240条
本命令、定款若しくは管理協定の観点から年次会計に反映される財政状況と年次会計と実施の合規性の監督は、基礎自治体の外部監査委員会によって行われる。
　　外部監査委員会も同様に財務状況と財務諸表から基礎自治体自治公社の業務の規則性について検査を行う。

第241条
§1. 基礎自治体自治公社の職員は定款か契約関係で任命される。
§2. 関連する法的地位諸規定は基礎自治体自治公社の職員に適用される。基礎自治体自治公社は、基礎自治体自治公社の特殊な性格がこれを正当化する限り、この法的地位諸規定からは逸脱したものを確定する。基礎自治体自治公社は基礎自治体内部には存在しない関係の法的地位諸規定を定める。
　　基礎自治体議会はその機関の職員の任用方法が法規によるか又は契約によるのかを定める。この決定は、基礎自治体の設置決定か又は諸法規においてなされる。基礎自治体自治公社の職員は、法規職員も契約職員も、それに相当する創設側の基礎自治体における職員と同一の法的地位規則を有する。基礎自治体自治公社は若しも公社の特殊な地位がこれに責任を負うとすればこれから免れることができるだけである。同公社はさらに基礎自治体内では存在しない関係の法的地位規則を定めることができる。上述の諸決定は日常管理の問題とは無関係なので、この諸決定は自治公社の取締役会に属する。

第242条
§1. 基礎自治体自治公社は定款や管理協定で決められた制限内で借金をし、寄付

金若しくは費用を受領することができる。

§2. 基礎自治体自治公社はフラーンデレン政府によってそれ自身の名前でそれ自身の会計のためにその諸目標実現に必要な収用に取り掛かる権限を付与される。

§3. 基礎自治体自治公社は、その目的の限界内で、その物品の取得、使用及び処理について、これらの物品に関する事業権の設定若しくは破棄を、さらにこれらの決定の執行とその資金調達も自由に決定する。

§4. 基礎自治体自治公社は管理協定で定められた料金の基本法則の制限内で同社によって提供される諸事業の料金と料金体系を確定する。管理協定で定められていないそれらの最高額若しくは算定の定式は基礎自治体議会に承認を得るために提出される。

§5. 基礎自治体自治公社は、その協定に合致している限り、その他の法人を設置し、参加し若しくは代表させることができる。設置、参加若しくは代表は投機的な目的は追求できず、管理協定で定められた平等原則に従って、競争及び国家援助並びに管理協定において定められる諸条件に関する諸規則に従って執行される。設置、参加若しくは代表の決定は前述の諸条件が満たされたことを示す。

参加は少なくとも一人の取締役代表が基礎自治体自治公社に承認される条件の適用を受ける。

設置、参加若しくは代表の決定はフラーンデレン政府に30日以内に送達される。設置、参加若しくは代表については決定がこのために承認された後で初めて発効する。フラーンデレン政府は送達後100日以内に設置の決定は承認されるかどうかとなる。フラーンデレン政府が決定を行って基礎自治体に送達しないうちにその期限切れとなった場合は承認が認められたと見なされる。

　　本条は従来公法形態を持っていた公務員がそれに関わる基礎自治体自治公社に、借金をし、寄付を受領し、収用し、特定の遺産を管理し、料金を決定する権限のような幾つかの権限を付与する。

　　第5段標は基礎自治体自治公社の親密な関係を規制する。関与は権限の移譲を伴ってはならず、それは第225条で禁止する。この条件を満たしているかどうかは公社と基礎自治体によって真っ先に評価される。フラーンデレン政府は承認による監督を行う。

第243条

基礎自治体自治公社は第150条と第179条によって基礎自治体予算のために策定される諸規則に従って基礎自治体の帳簿が付けられ、年次決算が作成される。基礎自治体の会計記録及び帳簿に関する第164条、第171条、第179条に準拠する

諸規則に従って、会計は記録され、帳簿が作成される。基礎自治体自治公社は、遅くとも毎年12月31日までに、基礎自治体自治公社のどのような性質のものであれ全ての資産、請求、負債及び債務を確定するために必要な測量、検査、調査及び評価を行う。

帳簿の記載は取締役会の責任と監督の下で行われる。

取締役会は年次会計を確定し、過去の会計年度の年次決算を基礎自治体議会に承認を得るために遅くとも毎年4月30日までに提出する。

取締役会は予算を確定し、遅くとも毎年12月31日までに次の会計年度の予算について基礎自治体議会の承認を受ける。

　　　基礎自治体自治公社は基礎自治体の予算会計制度に従うが、併し予算の計上と政策の執行の手続には従わない。ここでは基礎自治体公社は独自の手続を用いることができる。

　　　同一の予算・会計技法の利用が指摘されている：基礎自治体の会計は複式簿記の原則に基づき、基礎自治体の行政と基礎自治体自治公社の会計とは合併できる。

第244条

§1.基礎自治体議会はいつでも基礎自治体自治公社を解散し清算することができる。

解散に当たって基礎自治体議会は清算人を任命する。全てのその他の機関は解散の時点で廃止される。

§2.解散する基礎自治体自治公社の法定雇用の職員たちは基礎自治体によって雇用される。基礎自治体は解散時に採用される職員たちに対して確定していた諸権利を保障する。

§3.解散する基礎自治体自治公社の諸々の権利と義務は基礎自治体によって引き継がれる。

§4.　§2と§3の逸脱において基礎自治体議会は解散の決定の際にそれを認めざるをえない基礎自治体職員たち、及び基礎自治体公社の諸活動の継承者若しくは継承者たちによって引き継がれる諸々の権利と義務を指定することができる。

　　　本条は基礎自治体自治公社の解散と清算を定める。さらに諸々の権利と義務及び基礎自治体公社の法定雇用職員たちは、彼らの権利を維持しながら、創設者の基礎自治体によって、引き継がれる。

　　　基礎自治体自治公社の活動が、例えば私企業経営者、基礎自治体間協力団体若しくは私法形態を持った基礎自治体機関によって引き継がれたときは、権

第244条

利と義務は基礎自治体によって全ての権利と義務と職員を引き継ぐことができる。それから解散の決定は引き継ぎの後どのような権利が引き継がれるかを確定する。さらに職員は引き継ぎ者に引き継がれることができる。関係職員たちはその後から各自が自らこの移譲に同意しなければならない。

第Ⅲ章・私法形態の基礎自治体外郭独立機関

第245条
§1. 基礎自治体は、本章に定められた諸条件で、商法典の意味での会社、又は非営利諸法人に関する1921年6月27日の法律の意味での組合若しくは財団、国際非営利組合及び財団に、基礎自治体の利益となる明確に定義された政策の執行を準備し担当させる権限を有する。政策の執行に関する職務設定から私法形態のものも同じく政策準備に関わらせることができる。
その設置は平等原則、競争と国庫補助の諸規則に従って行われる。
次に基礎自治体は、他の諸基礎自治体、別の諸基礎自治体の基礎自治体外郭独立諸機関、基礎自治体間協力活動連携、諸県とそれらの県の基礎自治体外郭独立諸機関、フラーンデレン共同体とフラーンデレン地域圏を除いて、基礎自治体公社、組合か財団又は他の諸法人の設置に参加できる。
同じ諸条件の下で基礎自治体は商法典の意味での会社、又は非営利諸法人に関する1921年6月27日の法律の意味での組合若しくは財団、国際非営利組合及び財団に参加する権限を有する。
§2. 基礎自治体議会は§1で言及された首長と理事たちの理事会によって作成された報告に基づきその設置若しくは参加を決定する。その報告では選択される形態での外郭独立機関の諸々の長所と欠点が念入りに検討されて、基礎自治体の法人内部の管理か若しくは基礎自治体自治公社の形態では必要とされる利益が提供できないことが明らかにされる。
設置若しくは参加は基礎自治体の決定が§3に従って承認された後で初めて行える。
§3. 設置若しくは参加の決定は§2に言及された報告と一緒にフラーンデレン政府に送達される。フラーンデレン政府は100日以内に承認するか若しくは却下する。フラーンデレン政府が決定を行わずその決定を送達しないまま期限切れとなった場合には、承認が認められたと見なされる。
§4. 承認された設置若しくは参加の決定と基礎自治体公社、組合若しくは財団の定款は、第1項に述べられた報告と一緒に、点検のために問題の基礎自治体書記に預けられる。

> 基礎自治体の私法形態の基礎自治体外郭独立機関は基礎自治体が会社法若しくは協会法の諸規定に従って法人を創設するか又はこのような形態の現存

する法人に関与するか、そして職員が基礎自治体のための業務の達成を担当させられるために生まれる。

　基礎自治体自治公社とは対照的に私法形態の基礎自治体外郭独立機関は必ずしもワンマン体制ではない。そこには基礎自治体に加えて民間や多様な公の協力者もまた関与できる。併しながら、基礎自治体間協力に関する命令が適切な特別の規制を制定するために、それらに依存する別の諸々の基礎自治体や人たちは除外される。監督官庁としての役割を果たす人たちもまた除外される。

　第1段標第1項で言及される別の諸法人のこの除外は私法形態の基礎自治体外郭独立機関の創設の場合にもそれへの関与の場合にも適用される。基礎自治体の関与がそれによって決まる諸条件に反することなく、これらの機関はそれらの私法形態に適用できる諸規則に従わされる。

　これはとりわけ人事、監督、執行部の構成と責任、会計、財務及び解散に適用される。さらに別の諸々の公法人若しくは私法人基礎自治体の外郭独立機関に関与する程度まで、その機関の創設、それへの関与及び活動は欧州とベルギーの競争諸規則に配慮しなければならない。

第246条

§1. 様々な会派のいかなる貢献の大きさとは無関係に、基礎自治体は常に基礎自治体公社若しくは組合の総会での投票の過半数を有し、且つ基礎自治体は常に基礎自治体公社、組合若しくは財団の執行部の幹部の過半数を有している。この指名はいずれの会派も代表を有することを保障する。基礎自治体によって指名される執行部の幹部たちの人数の同一性は最大限3分の2である。

§2. 基礎自治体の公社や組合の総会での代表たちは基礎自治体議会によって基礎自治体議会議員たちから選出されるか、首長と理事たちに理事会から指名される。総会での基礎自治体代表たちは基礎自治体議会の指示に従って行動する。

§3. 基礎自治体議会と総会での基礎自治体代表たちは銘々がいつでも指示や指名を撤回することを決定できる。基礎自治体公社、組合若しくは財団の定款は関係代表たちが撤回によって合法的に辞職させられることを定めている。彼らはその後継者たちに取って代わられることになる。

指示や指名は全て基礎自治体議会の全面改選によって撤回される。代表たちはその後継者たちが指示されるか任命されるまで在職する。

　本条は私法形態の基礎自治体外郭独立機関の創設若しくはそれへの関与が従わなければならない幾つかの重大な条件を含む。

基礎自治体は常に関係職員に関する総会での投票の過半数を得、行政諸機関の構成員の過半数を指名しなければならない。その指名は各会派に一人の代表を保障する。若しもこの条件が満たされなければ、基礎自治体の関与は禁止される。

　　　基礎自治体議会は総会への基礎自治体の代表をその中からかまたは首長と理事たちの理事会から指名する。基礎自治体議会は自らこの指名に適用される任期を決定する。基礎自治体代表たちは総会において、基礎自治体議会の指示に従って、順番に、基礎自治体外郭独立機関の執行部における基礎自治体代表を担う。指名や推薦は基礎自治体議会によっていつでも撤回できる。基礎自治体議会の全面改選は指名又は推薦が無効になると見なされる。

　　　行政部や委員会における男女の均衡の取れた代表に関する諸規定は、1999年5月18日の命令で準備されているように、ここでは行政諸機関の基礎自治体代表たちのフラーンデレンの推薦からの類推によって取り入れられる。

第247条

基礎自治体と基礎自治体公社、組合若しくは財団の間では、基礎自治体の利益となる業務の執行に関して協力協定が締結される。協力協定は以下の事項を定める：
1º 該当する場合にはその機関が自由に使用できるか委任できる職員、財源及び活動基盤の活用；
2º 諸条件の制限内で報償の諸条件に従ってフラーンデレン政府は機関の行政活動の一環として認められる出席手当やその他の諸手当；
3º 基礎自治体公社、組合若しくは財団が内部統制制度を用意する方法；
4º 第265条に従って外部監査委員会若しくは1人かそれ以上の基礎自治体公社、組合若しくは財団での監査業務に携わる監査役の同意、及び外部監査委員会若しくは監査役がこれらの監査業務を執行する方法。

　　　一方では基礎自治体と他方では私法形態の基礎自治体外郭独立機関との間で協力協定が締結される。この中ではその機関によって託された任務の遂行のガイドラインが契約上の方式で記載される。基礎自治体がその機関の職員たち、社会基盤施設、若しくはその裁量に任された助成金を準備する限り、諸条件もまた協力協定の中に記載される。これはまたその機関の行政活動の一環として認められる基礎自治体代表たちに対してもその他の協力者代表たちにも支払われる日当その他の報酬に適用される。フラーンデレン政府は協力者に付加されるこの出席手当を定める。その機関に対する基礎自治体監査役の随時の検査もその協力協定に準備することができる。

第Ⅷ編 – 行政監督と外部監査

第Ⅰ章・行政監督

第Ⅰ節・一般諸規定
第248条
§1. 本編の適用のために以下のように解する：
1º 基礎自治体当局：基礎自治体及び基礎自治体自治公社の、何らかの決定を行う諸組織と職員たち。
2º 監督官庁：フラーンデレン政府とフラーンデレン政府の指示に従って行動する県知事。
§2. 一基礎自治体地域及び複数基礎自治体地域に関しては行政監督第Ⅳ章の諸規定によって規定される。

　　基礎自治体当局は「基礎自治体の諸機関と職員たち及び決定をする基礎自治体自治公社」と定義される。

　　基礎自治体の諸機関としては以下のものが考えられる：基礎自治体議会、その首長と理事たちの理事会、首長、財務管理者、基礎自治体総書記、予算保有者、部局長とその他の職員たち及び決定をする諸機関。

　　決定をする基礎自治体自治公社の諸機関と職員たちはまた基礎自治体行政部と見なされる。

　　基礎自治体内の地域諸機関の監督は憲法第41条に従って3分の2多数決で決められなければならない。そういうわけで、フラーンデレン地域圏が新たな規則を3分の2多数決で公布するまで、フラーンデレン地域圏による基礎自治体への行政監督が依然効力を持っている規則に関する1993年4月28日の命令の第22条の2と第22条3に含まれたままとなっている。

　　「監督官庁」の概念は「フラーンデレン政府及び、フラーンデレン政府のために、県知事がフラーンデレン政府の命令に従って行動する」と定義されている。フラーンデレン政府は結局のところ二つのレベルでの、すなわち県知

事による停止、その際県知事はフラーンデレン政府の委員の役割を演ずるのと、フラーンデレン政府による無効とで、基礎自治体の全般的監督を計画する。

　その上単一基礎自治体の地域と複数基礎自治体の地域は、二つのレベルで組織された統合警察任務の組織のための1998年12月7日の法律で準備されたように、基礎自治体行政部である。その機関の決定の監督は本編第IV節第I章に規制されている。

第249条

本命令によって開始される監督の実施に当たっては、監督官庁は法律と全体の利益、とりわけ基礎自治体の利益より広い利益に限定する。

　一方では、監督官庁の監督は法律に照らして検証される。「法律」の概念は、とりわけ直接効果を持つ国際的基準、憲法、諸法律及び諸命令並びに適切な行政の一般原則を含む。

　他方では、時宜を得た検査は一般的利益の検証に制限されるが、その際一般的利益は「基礎自治体の利益よりも広いそれぞれの利益と定義される。時宜を得た検査の結果、中央―地方諸関係に悪影響をもたらすその種の単一の基礎自治体の諸決定だけでなく、その他の基礎自治体に悪影響をもたらす諸決定も監督官庁が制裁を課すことができる。

第250条

監督官庁は基礎自治体当局にあらゆる公文書と情報を要求できるか若しくは現場で協議できる。同庁は情報の提供者とこれらの資料が提供される形式を定める。

　本条は監督官庁が基礎自治体と協力して全ての必要な公文書と情報を整える機会を準備する。監督官庁には公文書と情報を文書で要求する機会がある。監督官庁にはさらにその場で相談する機会がある。例えば監督官庁が作業を急いで進めたくて時間が欲しいとか、基礎自治体当局が一定の公文書の送達に不本意か手間取るか又は要求された公文書の分量が膨大といった場合に監督官庁はこの最後の可能性に頼ることになる。若しも監督官庁が諸公文書をその場で相談するならば、監督官庁が行政監督の遂行のために自由に使える期間は中断されないことになる。

　情報伝達者と資料が増幅されるに違いない形式とを決定できる監督官庁を提供することによって、諸基礎自治体は、第253条に準備されるような正式の通知方法とは関係なく、時間を大いに節約できるコンピュータの手段で諸決定その他の公文書を要求できる。

第251条

§1. 基礎自治体当局と監督官庁との間の通知は全て書留郵便で行われるか若しくは受領書と引き替えに手渡される。これらの行政当局への通知は、その場合に応じて、基礎自治体書記か基礎自治体自治公社の取締役会に宛てられる。

§2. 基礎自治体当局が本命令に従って監督官庁に諸決定を通告しなければならない場合を除き、監督官庁への決定の送達は監督実施の期間の開始を意味しない。

§3. 監督期間算定のために満期日がその時点で算定される。併しながら当日が土曜日、日曜日若しくは法定の祭日の場合には満期日は次の平日に移される。

§4. 無効の刑罰については監督の一環として行われる決定の送達は遅くとも上述の期限の最終日に行われる。

フラーンデレン地域圏による諸基礎自治体の行政監督規制に関する1993年4月28日の命令では、基礎自治体当局と監督官庁間の通知の様式は幾つかの条文にわたって拡散されている。

その狙いは基礎自治体当局と監督官庁間の全ての通知の様式をその監督の枠内で一律の規定に統一することにある。

基礎自治体当局と監督官庁間の全ての通知は書留郵便によって行われるか若しくは受領書と引替えに行われなければならない。通知は基礎自治体書記か基礎自治体自治公社の取締役会宛てに送られる。

監督行使の期限は執行期間が延長できないので、期間の開始及び終了日ははっきりと確定されなければならない。これらの日付に一定の日付を与えるために、全ての通知は書留郵便によって行われるか若しくは受領書と引替えに行われなければならない。さらに諸々の公文書と情報は一片の通知と見なされなければならない。

無効の制裁の下で監督の枠内で行われる決定は遅くとも上述の期限の最終日よりも遅れて行われることはない。

第Ⅱ節・一般的行政監督

第252条

§1. 基礎自治体議会の諸決定の及び基礎自治体自治公社の取締役会の諸決定から20日以内にそこに規制される諸事項の簡単な記述を添えたリストが県知事に送達される。

§2. 県知事への送達の日から基礎自治体議会の諸決定の簡単な記述を添えた前段標に記述されたリストは基礎自治体庁舎に、公衆がそれをいつでも知るようにな

るように少なくとも 10 日間掲示される。公告は、リスト上の諸決定が少なくとも 10 日間公衆による閲覧ができるように、議会の会議の議事日程、期間及び場所を、決定の 10 日以内に伝えている。

　　本条は、基礎自治体自治公社の取締役会の諸決定の簡潔なリストが新たに県知事に送達されなければならないという条件で、フラーンデレン地域圏による基礎自治体への行政監督の規則に関する 1993 年 4 月 28 日の命令の第 27 条の 4 と第 28 条に基礎が置かれる。その上そこでは、それゆえ基礎自治体庁舎の掲示板で行われなければならない基礎自治体の諸決定の簡潔なリストの公表の準備がなされる。

第253条
§1. 決定後 20 日以内に県知事に以下についての説明の写しが送達される：
1º 基礎自治体職員の法的地位規則、職員構成の確定と変更に関する基礎自治体議会の諸決定；
2º 基礎自治体の予算、予算の諸修正及び長期計画に関する基礎自治体議会の諸決定；
3º 諸税と諸料金に関する基礎自治体議会の諸決定；
4º 警察管区への基礎自治体の負担金に関する基礎自治体議会の諸決定；
5º 不可避且つ不測の事情によって必要となる諸費用に関する基礎自治体議会及び首長と理事たちの理事会の諸決定；
6º 基礎自治体内部自治諸公社を設置するための基礎自治体議会の諸決定；
7º 借入金の財政負担の再配分に関する基礎自治体議会の諸決定；
8º 基礎自治体外郭自治公社との管理・協力諸協定の締結、並びにそれらの修正に関する基礎自治体議会の諸決定；
9º 財政再建のための借款を含めることに関する並びにそれらの修正；
10º 基礎自治体間協力に関する 2001 年 7 月 6 日の命令で意図されているような基礎自治体間連携協定への参加に関する基礎自治体議会の諸決定；
11º 基礎自治体の諸会計；
12º 第 265 条で意図されているよう外部監査委員会の報告に基づき行われる基礎自治体議会の諸決定。
§2. 決定後 20 日以内に県知事に以下についての説明の写しが送達される：
1º 基礎自治体職員の法的地位諸規則から発せられる基礎自治体自治公社の取締役会の諸決定；
2º 諸料金に関する基礎自治体自治公社の取締役会の諸決定；

3º 基礎自治体外郭独立諸機関の諸会計。

　本条は監督の行使を考慮して諸決定が県知事に送達されることを定める。

　基礎自治体職員の法的地位規則に関する諸法令は、とりわけ俸給、俸給の等級表、能力要件、職務要件、特別手当と報償の認定、募集と昇進のための諸条件と諸手続、欠員の公告、評価と法的効果の規則等々の諸規定に関わる。（法的地位規則の最小限の内容が規定されている本基礎自治体令草案の第105条を見よ）。

　既に存在している一般的な法的地位規則が具体的な場合に適用される諸決定は第253条に含まれる義務的報告は適用されない。

　その上職員構成の確定と変更に関する基礎自治体議会の諸決定についての特別の承認手続は通常の監督によって取って代わられる。職員構成に関する諸決定と同内容の明確な写しが県知事に送達されなければならない。

　さらに諸々の債務の再調整は承認監督に服さないばかりでなく、通常の監督も適用されない。基礎自治体財政の将来に影響するために、基礎自治体当局は債務の決定と財政改善のための借入をする決定の説明のための写しを県知事に転送しなければならない。

　さらに外部監査委員会の報告に基づき行われた基礎自治体の諸会計と基礎自治体議会の諸決定も県知事に送達されなければならない。

　新たにフラーンデレン地域圏による基礎自治体への行政監督の規制に関する1993年4月28日の命令は本条の第2段標と対比される。基礎自治体職員の法的地位規則から逸脱する基礎自治体自治公社の取締役会の諸決定もまた今後は20日以内に送達されなければならない。結局その職員の法的地位規則の諸決定に関して基礎自治体に及び基礎自治体自治公社にこの義務を課すのは当然とはいえ、後者はその職員については原則として基礎自治体職員の法的地位規則に従うが、そこから逸脱する弁明もすることができる。

　同様なことは外郭独立諸機関の会計に関してと同様に、料金に関する基礎自治体自治公社の諸決定にも適用される。

　その上行政監督を成功させる国務院の示唆も続けられる。結局二つの対立する流れ、特に一方での基礎自治体の自治と他方での監督とをお互いに調和させるのは容易でない。本草案の起草者たちは基礎自治体の自治をできる限り優先させたいと願っている。一定の決定が監督官庁に強制的に移譲されてはならないという事実は、とにかくいつでも同庁が要求できるのを妨げない。

第254条

§1. 第252条と第253条の適用という条件で監督官庁は基礎自治体の諸決定を職権で要求できる。

§2. 苦情の受領に基づき監督官庁は決定とその付属資料を請求できる。

　　本条は監督官庁が決定を、例えこの決定が提出するには及ばないか又は簡潔な記述のリストで言及されていないとしても、いつでも要求できることを定めている。さらに監督官庁が苦情の受理の決定とそれに付随する公文書をいつでも要求する。

　　第2段標の起草者たちは、公文書は理由が説明された苦情の後でなければ要求できないと明言していることに注目すべきである。また理由の説明のない苦情は監督官庁による公文書の要求を引き起こすことができる。

第255条

§1. 県知事には基礎自治体当局の諸決定の執行を一時停止し、それを基礎自治体に知らせるのに30日間の期間がある。決定が第253条に従って県知事に送達されなければならない場合には、その期間は50日に増やされる。

執行が第117条、第174条及び第255条§1第1項に従って県知事によって一時停止されている諸決定の取消を除いて、フラーンデレン政府は第1項に定められた期限内に基礎自治体当局の諸決定を合法的に直接無効にすることができる。

§2. §1に言及された期限は第253条に言及された諸決定若しくは第252条に言及された諸事項又は監督官庁によって職務上要求されたか若しくは苦情の受領後、基礎自治体当局の諸決定のリストの送達の翌日から30日間ある。

§3. §1に言及された期限は、監督官庁がそれによって基礎自治体当局に決定、関係資料、一定の諸文書若しくは一定の決定に関わる諸情報を要求する書留郵便の送達によって一時停止される。

本段標に従った一時停止の場合には県知事は、§1に言及されているように、決定の執行を一時停止する新たな期限を持つことになる。この期限は要求された資料の全ての送達の翌日から30日間である。それについてフラーンデレン政府が直接決定を無効にするために持つ期限は県知事がその一時停止をするために持っている期限に等しく、20日増やす。

§4. §1に言及された期限は、第1段標に言及された期限内に監督官庁への苦情の書留郵便によるこのような送達が行われるという条件で停止される。

§1に言及された期限は、第254条§2に従って要求される諸文書の送達から再度30日間である。

§5. 県知事はフラーンデレン政府に対して一時停止のそれぞれの写しを用意する。

本条はフラーンデレン地域圏による基礎自治体への行政監督の規制に関する1993年4月28日の命令§1（知事による一時停止）と§4（フラーンデレン地域圏によって即時無効となった）を再掲する。

県知事による一時停止は、県知事に従って、なぜ基礎自治体の利益より広い法律又は全体の利益が損なわれるかが説明されなければならず、指示されなければならない。基礎自治体はこれについて無効にするか、正当化するか、修正するか、調整するか、あるいは決定を行わないかを望むかどうかに論拠を置くことができるだろう。

併しながら大切なのは多分フラーンデレン地域圏による基礎自治体への行政監督の規制に関する1993年4月28日の命令と比較して期間の算定方法が自由に変えられることであろう。これからはもはや監督官庁が問題となっている決定か公文書を受け取った翌日からではなくて、基礎自治体当局によって決定か公文書が送られた3日後から進行する。この算定方法は法的確実性を基礎自治体当局の長に促し、監督官庁は何日に公文書を受け取ったかを知るのではなくて、何日にその文書を送ったかを知る。

監督官庁が特別な決定に関して基礎自治体当局から公文書か情報を要求するたびに、監督官庁が行政監督の行使に使える期間は中断される可能性がある。

これからはフラーンデレン政府が県知事の期限よりも長い20日の期限内に取り消さなければならない。これにより県知事が既に一定の調査の実施、例えば通常は控訴の結果として決定か公文書の要求を行っていると推定される。若しも県知事が既にこの種の行為を行っていて行動する（そしてそれゆえ取消に進む）のに役立つ理由がないならば、フラーンデレン政府はさらに直ちに残りの20日の追加の期限内に取り消すことができる。

今まではこれはできなかった：2003年4月28日の命令の範囲内で県知事による停止とフラーンデレン政府による即時の取消の期限は完全に対応している（両方とも30日、決定を受けた後の日から始まる）。この結果県知事の不作為はフラーンデレン政府を拘束する：結局期限切れとなる。

県知事ではなくてフラーンデレン政府が、地方行政部の監督に関するそれにふさわしい政策についてのフラーンデレン議会の政治責任を果たさなければならないので、それゆえフラーンデレン政府が県知事とは別の観点を取ることができてなお第一に県知事が反対していない基礎自治体当局の諸決定に

関して行動できるのはさらに当然と見える。

第5段標では県知事はフラーンデレン政府に停止の決定の写しを届けることが定められている。県知事はフラーンデレン政府の委員としての監督の関連で行動するので、県知事とフラーンデレン政府は同じ政府に所属するものと見なされる。県知事とフラーンデレン政府間のこれらの通知はそれゆえ上述の期限内の不作為の制裁は生じない。

第256条

一時停止の場合には基礎自治体当局は、次の諸決定の一つを取り上げてフラーンデレン政府に通告するために、その一時停止の決定の送達の日以降100日間の余裕を基礎自治体当局に与える。

基礎自治体当局は一時停止を取り消すことができ、それをフラーンデレン政府に通告する。基礎自治体当局がその執行が一時停止されている決定の理由が弁明され、正当化されている場合には、フラーンデレン政府は取消を進めるのに50日の余裕がある。この期限は正当化の決定の送達後に続く30日に開始される。この期限内に取消がなければ一時停止は無効となる。フラーンデレン政府はそれぞれの取消の決定の写しを県知事に届ける。

第1項に定められた期限内に決定がフラーンデレン政府に送達されない場合には、執行が一時停止されているその決定は存在していないと見なされる。フラーンデレン政府はこれについて県知事に報告する。

基礎自治体当局に関する停止の場合は基礎自治体当局への停止の決定送達後100日の間に、次の決定の一つを採り、フラーンデレン政府に通告する：
-- 決定の撤回；
-- 正当化か弁明の方法で決定の正当化又は補正；
-- 決定を行わない。

停止された決定が撤回された場合には停止は無効となる。

若しも基礎自治体当局が執行停止中の決定の正当化又は補正をするならば、フラーンデレン政府は50日の期限内に補正若しくは補正された決定を無効にする。無効がなければ停止は解除される。

若しもフラーンデレン政府に基礎自治体当局への停止の決定送達後100日の間に何らの通告もなされなければ、停止の決定は存在していないと見なされる。

第257条

フラーンデレン政府はそれぞれの取消の決定の写しを県知事に送達する。

第 255 条の §5 の解説を見よ。フラーンデレン政府は順番に県知事に監督方法を知らせ続ける。

第258条

苦情が地方当局の決定に対して提出された場合には、監督官庁は規則に則って苦情処理について提出者に知らせる。監督官庁は苦情の提出者に普通郵便で以下のことを通知する：

1° 苦情が提出されてから 10 日以内にその受理；

2° 苦情の受理後 10 日以内に、監督官庁の基礎自治体へのその決定と付属資料の送達依頼；

3° この決定の採択後か期限切れ後の 10 日以内に、苦情が提出された基礎自治体の決定を一時停止しないか若しくは取り消さない監督官庁の理由説明；

4° この決定の採択後 10 日以内に、基礎自治体の反対の決定が一時停止か取り消された監督官庁の理由説明がなされた決定；

5° 苦情処理が数週間か数か月掛かった場合の関係資料の状況。その場合には監督官庁は苦情提出者に少なくとも 3 か月毎にその案件の状況について知らせる。監督官庁は調査を完了したら直ちにその最終の返答を苦情提出者に送達し、さらに問題の基礎自治体にも送達する。

本条の諸規定は基礎自治体当局の諸決定、それらは写しを第 253 条の適用で県知事に送達されなければならないが、及び県知事に送達されるには及ばない諸決定の両方に適用される。

実際には通常の監督は主として市民たちか議員たちからの苦情か異議申立の審査の後で行われる。本条は監督官庁が動機付けされた苦情の場合に関連文書を請求し審査する責任があることを準備する。苦情の受理によって審査の実施の期限が始まる。併しながらこの期限は追加の関連文書が請求されるたびに中断される。

その上監督官庁は苦情申立人に本条に定められた様式に従って苦情の処理について規則正しく知らせなければならない。本命令のこの規定によってフラーンデレン政府は基礎自治体当局の市民性と民主性の強化を意図する。

第259条

基礎自治体当局の諸決定に対して国務院への上訴を申し立てる期限は監督官庁に苦情を申し立てた者の利益のために、この苦情が書留郵便で上訴期限切れの前に、且つ監督実施のための期限切れの前に送達されるという条件付で中断される。

中断は、国務院への上訴の可能性について通知する限り、苦情申立にもたらされ

る効果についての苦情申立人への通知の受領まで続く。

地域圏は原則として国務院に控訴する要求に応ずることはできないけれども、現行規定の前置きは基礎自治体の組織と行政監督に関する固有の地方的権限の行使に必要と思われる（制度改革に関する 1980 年 8 月 8 日の特別法第 7 条 §1)。監督に関する諸規定の法的確実性と透明性を強化する観点からフラーンデレン政府は確かに国務院の裁判権に命令の根拠を与えたいと望み、基礎自治体当局の決定に対する国務院への提出期限はこの控訴を控訴期限の終了前と監督の行使の期限切れの前に提出されるという条件で監督官庁に提出する人の利益のために中断される（R.v.St.,VanMiddel,nr.93,290、2001 年 2 月 13 日を見よ）。それゆえ現行の規定は国務院の確定された判例法の表現を形成しているにすぎないので、実際には別の規定についての問題は起こらないしいずれにせよ連邦事項への影響もまた副次的にすぎない。

第260条

第 176 条に従った会計の承認は、諸会計に関係があって、一時停止とか取消の必要のなかった年次の進行中だったが、もはや一時停止とか取消の余地がないものを含む。

本条は詳しい説明は必要ない。

第Ⅲ節・強制監督
第261条

§1. 監督官庁は、書面による不履行通知をした後で、委託された委員の一人か複数人に、基礎自治体当局の収集した必要な諸々の情報若しくは所見のために、又は裁判で命じられる実施方法を行うために、現場に赴くことができる。
監督官庁は不履行通知に指定された期限切れ後に初めて行動できる。
§2. 委員の一人か複数人の行動は不履行の効果を与えられなかった者たちの個人的費用で賄われる。
その費用は、財務管理者によって職務上執行される命令と見なされる強制手続に着手したそのために行われる政府の決定を見て徴収される。

本条は強制監視に関わり、基礎自治体の行政監督のためのフラーンデレン地域圏による規制の 1993 年 4 月 28 日の命令の第 34 条の再掲である。

第Ⅳ節・二つのレベルで構成される統合された警察業務の組織のための 1998 年 12 月 7 日の法律によって創設された単独基礎自治体警察管区と複数基礎自治体

警察管区
第262条
本編の第Ⅰ章から第Ⅲ章の諸規定は、必要な変更を加えて、単独基礎自治体警察管区と複数基礎自治体警察管区に、且つそれらによって地方警察に関して行われる諸決定に、相応するその権限の範囲内で適用され、それらの規定、複数基礎自治体警察管区に関わる法律では、次の用語は以下のように解される：
1º 基礎自治体議会は警察委員会；
2º 首長と理事たちの理事会は警察理事会；
3º 基礎自治体当局は警察委員会か警察理事会；
4º 基礎自治体職員は警察職員。

　　二つのレベルで組織された統合警察任務の組織のための1998年12月7日の法律（以後「警察法」と呼ぶ）は他の警察諸業務との統合によって新たな「地方警察」に改革された。

　　一基礎自治体区域内では、基礎自治体議会、首長と理事たちの理事会が警官隊の組織と管理に責任を負う。警察法は複数基礎自治体内では固有の法人格を有するこれらの新たな制度の諸組織（警察委員会、警察理事会及び理事長）に分割される諸基礎自治体内の地方警察隊の管理を委任する。警察法はさらにこの警察に関する諸決定の連邦の組織的特別監督に着手することも重要である（警察法第Ⅱ編第Ⅴ章を見よ）。

　　基礎自治体の行政監督のためのフラーンデレン地域圏による規制の1993年4月28日の命令の第28条ではいかなる監督規定も基礎自治体令の本議案にはまだ含まれていない。基礎自治体令の現行議案はこれに応じる狙いがある。

　　フラーンデレン政府は地方警察に関する地域決定にできる限り適用できる基礎自治体当局の諸決定への行政監督に適用できる諸手続を意図する。

　　こういうわけで管理監督に関する表題の諸規定は、監督の類型に関しても'類推適用'の手続に関しても両方とも一行政地域や複数行政地域の諸決定について説明される。

　　'類推適用'はもちろん一行政地域や複数行政地域の議会が類推決定をする権限がある程度までしか適用できない。そういうわけで例えば一行政地域や複数行政地域の行政部は警察職員の法的地位規則、税に関する諸規定、基礎自治体自治公社の創設の権限はない。これらの諸決定の監督規定は明らかに'類推適用の'ではないだろう。

本条は制度改革特別法の第7条§2"を侵害することはない。この規定に従って、連邦政府によっても、地域圏によっても地方政治について制裁問題に関する諸決定のいかなる行政監督も計画されるか又は行使されることは不可能である。

第263条
単独基礎自治体警察管区と複数基礎自治体警察管区の諸権限に限り、それらの諸決定とその実施は、二つのレベルで構成される統合された警察業務の組織のための1998年12月7日の法律の第Ⅴ章を適用して特別の監督に従わされ、これらの権限に対して、第Ⅶ編第2章に述べられたような監督方法ではなく、本法に含まれるか若しくは従っている諸規定違反に基づき行われることになる。

　本命令議案のこの規定には明らかに地域圏の監督の（制限された）範囲を地方政治に関する二重の諸決定内に限定する狙いがある。

　原則として'特別監督がこれらの決定について計画される限りにおいて'基礎自治体条例に適用されるにすぎない。

　特別監督の開始と共に連邦立法者は純然たる警察規定の遵守を検証する管区規定を準備した。その意味で警察法はさらに連邦監督機関だけが「二つのレベルで組織された統合警察任務の組織のための1998年12月7日の法律に含まれ、その下で行われる諸規定に違反するために」承認を拒否でき、決定を中断し取消しできると述べている。

　この連邦の特別監督の規制はそれゆえ警察法とその施行令に規定されたものの遵守の検証であり、残りのものに対する区域の制限が地域圏の監督下の管轄に属することを意味する。これは諸地域圏が警察法以外の例えば全体の利益に従うのはもとより、言語法制、国の理由での義務、政府調達その他の全ての法律を遵守するこれらの決定を検証する権限を有しているという意味がある。

第264条
第117条は警察職員の職員構成に類推適用される。

　本条は詳しい説明は必要ない。

第Ⅱ章・外部監査

第265条
§1. フラーンデレン地域圏公務員たちで構成される外部監査委員会は基礎自治体毎に設置され、懸案の基礎自治体の外部監査に責任があり、懸案の基礎自治体の内部独立諸機関と基礎自治体諸自治公社及びそれに同意する限り基礎自治体の私法形態を有する外部独立諸機関に責任がある。
§2. 外部監査には以下のものが含まれる：
1° 地方当局の諸行為の合法性及び合規性の監視；
2° 基礎自治体の内部文書の正確性と完全性の監視；
3° 財産目録の監視；
4° 会計と年次会計の真実且つ公正な実像の監視；
5° 諸基礎自治体の、内部独立諸機関の及び基礎自治体自治公社、及びそれらの法令遵守の内部監視制度の評価、この評価は内部監視制度を改善する勧告の表明を含む。
基礎自治体は外部監査委員会に次の業務を負担させることができる。
1° 基礎自治体の諸活動の実施が調和の取れている度合いの評価は確定された諸目標と若しくはその他の確定された規準と、及びどの程度まで同意された目標が達成されているかの評価；
2° 基礎自治体の諸活動の効果と能率を改善する可能性の確認。
§3. その任務の達成のために外部監査委員会は財務監査、職務履行監査及び運営監査を行い、そのために全ての事業過程と諸活動を検査する権限を付与されている。

　　　外部監査は主に外部の利害関係者たちや出資者たち（出資者たち）に向けられる。管理に関与していない議員たちはもちろん重要な外部の利害関係者たちである。基礎自治体議会議員は（首長と理事たちの理事会の構成員たちを除いて）管理を行う最終的な権利を有していない。良好な政策を立案するのは主に議員である；それゆえ彼若しくは彼女は管理からは離れている。議会構成員に加えてわれわれはさらに外部の利害関係者たちへの監視、補助金支給庁、銀行群、市民、諸団体等々を有している。それにもかかわらず外部監査が主に外部の利害関係者たちや出資者たちに向けられるということはこの監査形式が内部の利害関係者たちにとっては何らの価値もないことを意味

しない。それ自体を尊重する管理は外部監査の所見をその活動と報告を評価するのに利用することになる。

外部監査は地域圏の職員たちの集団によって用意される。それは複合的な規律構成を可能にする委員会形式（例えば法的、財政的及び組織的な）で働かされる。そういうわけで各委員会は立法を専門領域とする監査役を一人、財政を専攻するもの一人及び組織の分野である程度経験を築き上げてきた一人を含むことになる。そういうわけで基礎自治体行政部を監査する集団は少なくともそれぞれ3人の監査役で構成される。当然各監査役はその活動中そのチームメイトのために全体の評価について決定しなければならないと信ずる特色を考慮することになる。

若しも外部監査が私法的性格の外郭独立機関によって行われるならば、それらは監査委員会で監査役と一緒に世話をすることになろう。これは監査の能率のためになるばかりでなくお互いの知識と経験の流れをもたらすに違いない。

それは監査の質を確保するために地域圏の職員たちの集団の中から選ばれる（それは中央指向である）。一定の時期に基礎自治体監査役はその行政部毎に採用するよう提案されてきた。併しながら基礎自治体監査役たちについてはある程度の信じられないほどの質が保障され、基礎自治体にとっては極めて貴重な眼力を持った白い烏｛黒い烏ではなく珍しい｝となるだろう。さらにこのような外部のチームは必要な独立性、公平性及び客観性が一層よく保障される。その上それはフラーンデレン全体への統一的な適用によりよい保障を与える。

国務院の所見に従って「吏員たち」という言葉は「職員たち」という言葉に置き換えられる。この外部監査の導入にあたり近代的行政管理と十分な資格を有する吏員たちの不足を考慮すれば吏員たち（終身で任用される職員たち）だけが外部監査委員会を構成できるということを基礎自治体条例自体に負わせるのは時宜を得たものとは考えられない。若しもこれが必要と思われるならばこれは決議によってさらに詳しく定められることができる。

監査の導入によってさらに地方行政の監督が減らされることが説明されなければならないだろう。併しながら監査は監督とは異なる別の最終目標を有している；外部監査は結果についての報告し勧告を行うことに限定されるが、監督は直接地方自治体の諸決定に影響を及ぼすことができる。これは外部監査が全面的に監督に取って代われない説明となる。

第265条

　外部監査委員会は価値判断と勧告を得るために基礎自治体の何らかの公文書の再検査が期待されてはならない。監査委員会は監査の危険とその根拠を見極め、そこからその作業計画（とりわけいずれかのサンプルが取り上げられるだろう）が定められることになる。この危険は内在する危険、検査の危険及び検出の危険に基づいて評価される。内在的危険は報告の重大な誤りに関わる；検査の危険は重大な誤りが評価されそうになく、内在的検査制度では見付けられそうにないことを監査役が審理する機会である；検出の危険は外部監査委員会の実際の検査の実施後に重大な誤りが依然として発生するか確定されていない危険に関わる。

　外部監査は同様に単一の監査、〔最初の単一の報告（長期計画と予算）、（中間の作業中の中間報告）及び事後報告（年次決算）〕並びにそれらと結び付いた単一の記録を目指して努力する出発点とならねばならないだろう。監督官庁と地方自治体との間に現在存在する止めどのない書類の流れを期限内に劇的に減らすことができるに違いない。これら全てはフラーンデレン政府にとって、だが併しとりわけ地方自治体にとって節約の役に立つに違いない。

　外部監査によって疑いもなく基礎自治体の政策と管理は向上することになろう。これらの勧告は義務ではないけれど基礎自治体議会はよりよき政策に達するためにしばしばそれを利用する。議会議員が現在その目の前に提示されたもの（例えば現実と一致する年次決算からの数字）全てについての質的評価は既に一層有効な政策を可能にしているだろう。その上管理、それは首長と理事たちの理事会とそれを支援する公務員組織の任務である、は外部監査の諸報告によって積極的な意味で影響を受けることになろう。外部監査は幾つかの行政部に責任があるのでそれはそれらの報告によって一つの地方自治体からもう一つの地方自治体へと移される重要な手段となるだろう。

　内国行政問題主務大臣は地方分野の監査の実務及び／又は知識の分野で有効な貢献をすることができる人たちからなる専門家委員会に訴えるだろう。恐らくこの委員会には監査事務所の代表たち、地方自治体代表たち、監査機関及び学界の構成員たちが在席する。この委員会は毎年限られた回数会合するだろう。

　監査の中心の範囲は自由に決められる。この公務員集団は専門家委員会の書記の仕事を心に秘め、また予備の主題も策定しておかなければならない。その上、別々の監査委員会の監査の見直しの保障もこの中心の範囲に入るだろう。その任務は基準の策定と監査の監査（見直し）で終わらない。その分野

の監査役たちはさらに鍛えられ訓練を積まなければならない。それは又その範囲にも関わっている。監査の開始は人が車は持っているがその運転の仕方は知らないのを避けるために純理論的にも支援されなければならない。

論理的に監査は多かれ少なかれ県ごとに組織されることになろう。

監査の開始前に輪郭のはっきりした任務が選ばれる。それがまた第2段標で監査に付される限られたリストとして選んだ理由である。

最終段標ではどういった監査の型が第2段標に言及された任務を達成するのに役立つかがさらに記述されるだろう。

何はともあれ法令遵守監査か適法性監査がある。この監査形態は地方自治体自身が内部と外部の規制にどの程度まで合致しているかを調査する。それゆえこの監査は地方自治体の活動の合法性と合規性について審査する。

その外に運用監査が使われる。この監査は活動の実施又は現況がどの程度まで決められた目標に若しくはその他の決められた規準に合致しているかの判断、そして第2に地方自治体の活動の効率と能率の向上のための機会の確認と定義できる。

最後に、財務報告の信頼性を審査する財務監査がある。

第266条
§1. 外部監査委員会は内部独立諸機関の及び基礎自治体自治公社の基礎自治体のその外部監査についての統合された報告を毎年作成する。この報告は懸案の基礎自治体と懸案の基礎自治体自治公社に送達される。外部監査委員会はその報告において基礎自治体によってその調査結果から導き出される勧告を作成する。

§2. 第Ⅳ編の諸規定に従って個々の財政責任を確定する知事の権限に抵触せずに、基礎自治体議会は外部監査に与えられる予定の諸結果について決定する。これらの決定は外部監査委員会に知らされる。

監査の諸様相が本命令にできる限り少なく挙げられている。義務的な大雑把な年度報告が課せられ、諸監査報告の最終目標が本条に詳述される。フランデレン政府はこれらの監査報告についてさらに詳しい規定を設けることができる。

第2段標では基礎自治体議会が諸報告の結果と関連があることが明示されている。併しながら知事もまた監査に基づく幾つかの命令権を有している。彼はとりわけ年次決算の一環として責任の規定に関わりがある。

この第2段標は管理者、この場合は確かに首長と理事たちの理事会、管理チーム、基礎自治体書記、財務管理者及び予算保有者は外部の監査委員会の

報告や管理書簡に頼ることはできないことを述べているわけではない。

監査報告（auditverslag）或いは監査報告（auditrapport）は本質を含む簡潔な公文書である。それは監査の対象を形成する本質に関連しているそれだけ一層短い所見である。監査報告は、外部監査委員会の監査業務についての同僚の文書による最終報告として定義づけできるが、それはとりわけ監査が遂行された方法、合法的合規的規定の諸条件、会計諸原則が尊重される程度、適用される評価諸規定の連続性又は同等性が尊重されており、さらに年次決算が真実で信頼できることを示し、会計年度の財政的状況とその結果が表現されている。報告はこれらが目標としてどこまで実現されたかが表示される。報告はさらに節約、能率及び効率に関して重大な欠陥について言及する。

管理書簡では、それはしばしば暫定的に届けられるが、委員会はその所見において改善に適した諸要素に言及するが、それらは必ずしも真実で信頼できるイメージからの逸脱とか諸規定の違反ではない。管理書簡は管理報告の補完を形成する良好な監査実務の義務的形態ではない。それはむしろ管理へのサービスであり外部の利害関係者への僅かながら利益になる。それはそれゆえ本命令に明確に記載されていない所以である。

第267条

その権限を行使するために、外部監査委員会は、その保有者に関係なく、あらゆる情報と書類を自由に利用できる。同委員会はその任務の遂行のために必要と思われる情報を職員の全てに尋ねることができる。職員は誰もができるだけ早く完全な方法で事前の承認なしに答え、全ての関連のある情報と書類を提供する義務がある。

職員は誰もが外部監査委員会にその任務の遂行中に突き止めた不正行為を知らせる権利がある。

監査へのこのような報告は濫用がこういう事態について行われない限り制裁罰か罷免の誘因とすることはできない。このような宣告は関係職員が同意しない限り閲覧権の対象となることはない。

外部監査委員会がその業務を適切に行うためにはあらゆる情報や公文書をどこででもさらにそれらの保有者を自由に利用できることが絶対に必要である。その上要求される情報はできるだけ迅速に入手できなければならない。

できるだけ能率的な監査を確保するためにあらゆる職員は直接不正な行為についてのその調査結果を監査で報告する責任がある。さらに直接行政部の職員がこの報告を命じることができないことが理解されなければならない。

例えば職員には彼が監査委員会に伝えた事実を基礎自治体書記とか首長に伝える義務は禁じられている。この職員の権利の濫用を制限するためにこの権利の濫用に対しては制裁手続の開始が可能となる。職員がその報告権を濫用しているかどうかを判断するのは監査に任されている。

　監査の審査の秘密保持に関連して監査委員会の及びそれへの諸活動に関しては各議員の検閲権は制限する必要がある。他方外部監査委員会の諸活動についての可能な再検討によって保障される客観的な収集された報告が存在する。

第268条
基礎自治体はフラーンデレン政府によって定められた諸条件によって外部監査の費用を支払う。

　外部監査の恩恵を受けるのは主として基礎自治体である。これは監査の費用の一部が基礎自治体から取り立てられるのを正当化する。本条はこのための命令の根拠を提供する。

第269条
フラーンデレン政府は外部監査委員会の細則とその職務の遂行方法を決定する。

　本章はフラーンデレン政府に対してはむしろさらに詳しい十分な範囲の情報を提供して完了するが、地方行政部に対しては—結局は：外部—監査ではより小さい範囲の利益しか持っていないことを記入している。

第Ⅸ編 – 公共社会福祉センターとの協働

第270条
§1. 次の諸事項について基礎自治体当局は予め社会福祉協議会の助言に従っていれば全て決定できる：
1º 関連する諸決定が公共社会福祉センターの諸予算及び管理に影響する限り、職員の行政上及び財政上の地位の確定若しくは修正；
2º 社会的目標を持った新たな業務若しくは制度の創設若しくは現存するものの拡張。
§2. 社会福祉協議会の助言はそれが監督官庁に送達された場合には決定に追加される。

　　　本条は公共社会福祉センター法第26条の2に基づいている。併しながら協議委員会への前述の提案の責任は社会福祉協議会の前述の助言に取って代わられる。理事会への公共社会福祉センター理事長の追加の観点から協議委員会はもはや必要がないと考えられてこの制度は廃止されることになる。

　　　透明性の観点から公共社会福祉センターとの協議に関するこの規定は本基礎自治体令に記載され公共社会福祉センター法では削除された。

第271条
基礎自治体と公共社会福祉センターとの間では相互の業務の協同利用について管理協定締結ができる。
管理協定ではさらに基礎自治体と公共社会福祉センターが一定の職務のためにそれぞれの職員たちを求めることができると記載できる。

　　　本規定は基礎自治体と公共社会福祉センターに対して相互のサービスの共同利用に関する管理協定を締結する能力を用意する。それはまた基礎自治体と公共社会福祉センターが相互の職員たちに一定の業務を求める合意に達することができる。

第Ⅹ編－憲法第41条の意味での基礎自治体内地域機関

第Ⅰ章－地区執行部

第272条

各地区役所は上述の地区評議会である評議会、地区理事会及び議長を含む。

　　第272条から第293条までは憲法第41条に言われているような基礎自治体内地区諸機関に関する新基礎自治体法第330条から第351条までに置き換えられる。

　　この点に関するフラーンデレン地域圏の権限については2005年2月25日付の憲法第41条の修正（ベルギー法令全書2005年3月11日）に言及がなされなければならない。憲法第41条の法律という文言を第134条に言われる規則で入れ替えることによって、所管する諸地域圏が基礎自治体内地区の諸権限、作業規則及び選挙方法を定める権限を今後は憲法がさらにはっきりと規定する。

　　新基礎自治体法の現行規定は内容の大部分が維持された。だが「地区事務所」という文言は「地区協会」によってこの最後の文言が実際に使われているので取って代わられる。

　　その外は新基礎自治体法における基礎自治体の組織、活動等々に関する諸規定への移し替えが当然基礎自治体令草案の新たな諸規定への移し替えによって取って代わられる。

　　地区に関する諸規定をよどみなくすらすら読ませるために、フラーンデレン政府は第303条で地区に関する諸規定を調整し、とりわけ移し替えを継続的な説明文と置き替える権限を持っている。

　　第272条は新基礎自治体法第330条の再掲である。

第273条

§1. 住民10万人以上の基礎自治体には、基礎自治体議会の発案で、基礎自治体内地域機関が設置される。地区評議会の評議員たちは6年毎に懸案の地域の範囲の

限定内に住んでいれば住民登録に登録されている基礎自治体評議会選挙人たちの集会によって選出される。それらの選挙は基礎自治体議会選挙と同日に準備される。
　§2. 地区評議会に選出される評議員たちの人数は、第5条§1に定められた議席数の3分の2に設定され、懸案の地域の範囲の限定内に適用される。
　§3. 基礎自治体議会及びその議員たちに関する第6条、第9条、第10条、第11条、第12条、第13条、第14条、第15条、第16条、第17条、第18条、第49条及び第50条の諸規定は、必要な変更を加えて地区評議会及びその評議員たちに類推適用されるが、但し地区理事会が首長と理事たちの代わりとなり、地区評議会の議長が基礎自治体議会の議長の代わりとなり、地区書記が基礎自治体書記の代わりとなると解される。
　§4. 基礎自治体議会議員と地区評議会の評議員は兼職不能である。基礎自治体議会議員に選出される候補者は地区評議会の評議員に就くことはできない。
　§5. その任務に就く前に、地区評議会の評議員たちは公式の会期で地区評議会の就任会議の議長の手中で以下の宣誓を行う：「私は私の任務を果たすことを誓う。」。
　　　本条は新基礎自治体法第331条の再掲である。
　　　新基礎自治体令の諸規定への移し替えは国務院の諸所見の機能と調整される。

第274条

　§1. 地区評議会の評議員たちはその評議員たちと議長及び地区理事会の理事たちを選出する。
基礎自治体議会の議長が地区評議会の議長が選出されるときまで就任会議の議長を務める。議長と地区評議会の理事たちは候補者たちの名簿の承認によって選出される。評議会の選出者たちはこれらの名簿を提出できる。これは、議長と地区評議会の理事たちが選出される遅くとも3日前までに、評議会の議長の手中に置かれた任命の承認証書によって行われなければならない。承認されるためには候補者名簿には任務があるだけの人数の候補者が登載されなければならない。候補者の証明証書は少なくとも同じ名簿上で選出された者たちの少なくとも過半数によって、且つ地区評議会のための候補者名簿に記載される候補者たちによって署名されなければならない。異なった候補者名簿上で選出された候補者たちであったとしても、候補者たちの名簿は選出者がその候補者名簿上の候補者と見なされるそれぞれの名簿の選出者たちの多数によって常に署名されなければならない。現れた地区理事会の候補者 - 議長若しくは候補者 - 評議員が僅か2人の候補者だ

けの場合には、前述の遵守によって彼らの内の 1 人の署名だけで足りる。地区評議員の死亡若しくは前述の候補者によって地区評議会の評議員の職の辞任の場合を除いて、誰も就任文書の一つ以上には署名することはできない。地区評議員の死亡若しくは前述の候補者によって地区評議会評議員の職の辞任の場合は、議長及び地区理事会選挙のための地区評議会の会議までに、集会の議長宛てに新たな名簿が提出される。これらの名簿は前述の諸条件に合致していなければならない。前述の名簿に名を挙げられた第 1 候補者は選挙によって自動的に地区評議会の議長にされる。地区理事会の理事たちの序列は名簿が作成される序列に一致する。選挙は秘密投票で多数決によって行われる。一つの名簿しか指定されなかった場合には投票は第 1 回目に進む。それ以外のどの場合にも、且つ 2 度の投票の後でどの名簿も過半数を獲得できなかった場合は最多数の投票を獲得した 2 つの名簿について新たに投票が行われる。決選投票で可否同数となったならば最年少候補者が含まれる名簿が選ばれる。

この就任会議は、遅くとも新たに選出される地区評議会の任務が開始される年の 1 月 31 日に、基礎自治体議会の議長によって招集される。

§2. 辞職若しくは死亡の結果による地区理事会の理事若しくは議長の一時的空席の場合には、評議会は 3 か月以内に後任を選ぶことになる。評議会への選出者たちはそのために候補者たちを指名できる。このために、議事日程に選挙がある集会の 3 か月前までに、受任者毎に評議会の議長から任命証書が手渡される。

容認されるためには、任命証書は同一名簿で選出された者たちの少なくとも過半数によって且つ指名された候補者によって署名されなければならない。現れた地区理事会の候補者 - 理事若しくは候補者 - 議長が僅か 2 人の候補者だけの場合には、前述の遵守によって彼らの内の 1 人の署名だけで足りる。地区評議員の死亡若しくは前述の候補者によって地区評議会の評議員の職の辞任の場合を除いて、誰も就任文書の一つ以上には署名することはできない。

選挙は評議会の会議に出席している受任者と同数の個別投票によって秘密投票で多数決で行われる。

候補者が 1 人しか推薦されなかった場合には投票は第 1 回目に進む。それ以外のどの場合にも、且つ 2 度の投票の後でどの候補者も過半数を獲得できなかった場合は、最多数の投票を獲得した 2 人の候補者について再び投票が行われる。決選投票で可否同数となったならば年長の候補者が選出される。

§3. 地区理事会の評議員の人数は評議員の人数の 3 分の 2 と定められ、相応する地域の説明のために適用される第 45 条 §1 によって最大限 5 人と定められる。地

区評議会は当局の一部を構成しない地区評議会議長を決定できる。

§4. 地区理事会は異なった性の者たちからなる。

地区理事会が第1項に従って合法的に構成されていないことが明らかになれば、本条に従って、選出される地区理事会の最後の序列の評議員が、同一名簿で選出される最多数の記名票を得た異なる性の地区評議員によって合法的に取って代わられる。その名簿で選出される異なる性の地区評議員がいなければ、地区評議会の評議員は同一名簿で最多数を得ていない異なる性の地区評議員によって合法的に取って代わられる。

§5. 第46条、第47条、第48条、第49条、第50条、第69条、第70条及び第71条の諸規定は、それぞれ首長と理事たちに関する限り、さらに地区理事会の議長と理事たちにも以下のように解して適用される：

1° 地区評議会が基礎自治体議会に取って代わり、地区評議会の議長が基礎自治体議会議長に取って代わり、地区理事会が首長と理事たちの理事会に取って代わる；

2° 地区理事会の理事たちの給与は、地区に割り当てられた権限の規模と、地区の人口とを考慮して、フラーンデレン政府によって決められる。

§6. その任務を引き受ける前に、地区評議会の議長と地区理事会の理事たちは基礎自治体議会議長の手中で以下の宣誓を行う：「私は私の任務を果たすことを誓う。」。

　　本条は新基礎自治体法第332条の再掲である。

　　憲法第11条の2に含まれる憲法上の義務に応えるために、地区評議会における異なった性の人々の在席を保障する規定がこれに付け加えられる。国務院の諸所見に従うために1月31日の就任会議への移し替えは「基礎自治体議会議長の選挙後遅くとも2か月以内」によって置き替えられる。

　　第2段標では引き継ぎのために予定された3か月の期間は首長と理事たちの理事会規定に従って2か月に置き換えられる。

　　第2段標の最年長の候補者は本草案のその他の諸規定に従って優先的に最年少の候補者により交代させられる。

　　第3段標では国務院の諸所見に従ってここではさらに最大限の人数を示し、地区評議会の議長が地区理事会の一部を構成しない場合のための規定が記載されている。

　　併しながら理事会の独立した議長の選挙のための特別な選挙法は存在しない。このため確かに通例の規定を参照すれば足りる（第54条と併せて第278条）。第278条では理事会における投票方法に関する第54条が地区理事会に

おける投票方法が必要な変更を加えて適用されることが明確にされる。

最後に第5段標では第50条§1への移し替えが地区での最終交代のための特別規定を含んでいるので削除される。他方第50条の§2と§3への移し替えは暫定的な交代に関しては紛れもなく残される。

第275条

§1. 各地区行政部には地区書記が一人いる。

§2. 地区書記は基礎自治体議会によって、第77条第1項の規定で定められた方法で任命される。

§3. 第77条第2項と第3項、第78条、第79条、第80条第81条、第82条、第83条、第84条、第85条、第180条、第181条、第182条、第183条、第184条及び第185条の諸規定は以下のように解して地区書記に類推適用される：

1° これらの諸規定においては、基礎自治体は地区によって、基礎自治体議会は地区評議会によって、首長と理事たちの理事会は地区理事会によって及び首長は議長によって取って代わられる；

2° 承認された行政上及び財政上の地位は書記にも適用される；

3° 基礎自治体の諸機関は書記に対して制裁事項における権限を留めているが、但し地区評議会との事前協議が必要である。

本条は新基礎自治体法第333条の再掲である。

基礎自治体令の諸規定への移し替えが国務院の所見に従って調整された。

第Ⅱ章 – 地区評議会の活動

第276条
§1.｛「§1」が原文では欠落している｝第20条から第41条の諸規定は、これらの諸規定においては基礎自治体議会議員たち若しくは基礎自治体議会は地区評議会評議員若しくは地区評議会によって、首長と理事たちの理事会は地区理事会によって、及び基礎自治体の首長と議長は地区評議会議長によって取って代わられなければならない。
§2. 第31条によって地区評議員たちに生じる諸権利は全て地区行政と諸制度に関するものだけである。

   本条は新基礎自治体法第334条の再掲である。
   基礎自治体令の諸規定への移し替えが国務院の所見に従って調整された。

第277条
基礎自治体議会議員たちに対して及びその地区の住民たちに対して若しくはそれらに対しての任務を有している公務員たちに対して、県知事からであろうと県議会の常任代表団であろうと、首長と理事たちの理事会からであろうと、地区評議会の諸決定の実施に関する現場での検閲を拒否することはできない。

   本条は新基礎自治体法第335条の再掲である。
   国務院の所見を考慮して本規定では「基礎自治体の住民」という文言は余計だとして削除された。併しながら基礎自治体のそうすることを命じられた議会議員たちと職員たちにとってはこの規定を維持するのは有用である。

第Ⅲ章 – 地区理事会の諸会議、諸審議及び諸決定

第278条
第52条から第56条までの諸規定は、地区理事会議長は首長に代わって行動し、首長と理事たちの理事会は地区理事会によって取って代わられるという条件で、地区理事会の会議、諸審議及び諸決定に類推適用される。

  本条は新基礎自治体法第336条の再掲である。
  基礎自治体令の諸規定への移し替えが国務院の所見に従って調整された。

第Ⅳ章 – 地区当局の公文書に適用される諸規定

第279条
地区評議会とその公務員たちの公文書は基礎自治体議会や理事会の公文書と同じ方法で作成されて公刊されるが、この場合地区の諸機関が基礎自治体議会と理事会の代わりとなる。
　　　本条は新基礎自治体法第337条の再掲である。

第280条
第186条の諸規定に従って地区評議会の諸規則と諸条例は議長によって公布される。それらは第187条の諸規定と結び付けられる。
　　　本条は新基礎自治体法第338条の再掲である。
　　　基礎自治体令の諸規定への移し替えが国務院の所見に従って調整された。

第Ⅴ章 – 諸権限

第281条
地区評議会、地区理事会及び議長の行為は憲法、諸法律及び連邦政府の諸決定、地域圏及び共同体の命令、布告、規則及び決定と、又県政府とも、基礎自治体議会若しくは首長と理事たちの理事会の決定とも、不一致であってはならない。

　　　　本条は新基礎自治体法第339条の再掲である。

第282条
§1. 基礎自治体議会は以下の場合に諸権限を委任できる：
1º 自らが保有しその詳細を定め、基礎自治体議会が地区評議会に委任できる基礎自治体の利益に資する諸権限。
2º 基礎自治体議会がこの権限を割り当てていて禁じていない規則がある限り、別の政府から委任され、基礎自治体議会が地区評議会に委任できる諸権限。
3º 基礎自治体議会にこの任務を割り当てていて禁じていない規則がある限り、いずれかの上級の政府が基礎自治体議会に負託していて、そこから地区評議会に委任できる特別規則の執行。
§2. 首長と理事たちの理事会は以下の場合に諸権限を委任できる：
1º 自らが保有しその詳細を定め、首長と理事たちの理事会が地区理事会に委任できる基礎自治体の利益に資する諸権限。
2º 基礎自治体議会がこの権限を割り当てていて禁じていない規則がある限り、別の政府によって委任され、その政府が地区理事会に委任できる諸権限。
3º 首長と理事たちの理事会にこの任務を割り当てていて禁じていない規則がある限り、いずれかの別の政府若しくは基礎自治体議会がその理事会に負託していて、そこから地区理事会に委任できる特別規則の執行。
§3. 首長は以下の場合に諸権限を委任できる：
1º 自らが保有しその詳細を定め、首長が地区の議長たちに委任できる基礎自治体の利益に資する諸権限。
2º 基礎自治体議会がこの権限を割り当てていて禁じていない規則がある限り、別の政府によって委任され、首長が議長たちに委任できる諸権限。
3º 首長にこの任務を割り当てていて禁じていない規則がある限り、いずれかの別の政府若しくは首長と理事たちの理事会に負託していて、そこから地区の議長たちに委任できる特別規則の執行。
§4. 基礎自治体の職員構成、規律規則、基礎自治体諸予算、基礎自治体諸会計及

び基礎自治体諸税に関する諸事項はこの権限委任の考慮に値しない。
§5. §3に反して警察諸事項に関する首長権限は地区議長たちへの権限委任の考慮に値しない。
§6. 全ての地区は諸権限の付与において同一の方法で扱われなければならない。基礎自治体当局はそのために本法の第288条と第289条に基づいて、諸地区の裁量に任せられる人的及び財政的資源が任された諸権限と合致しているよう配慮する。

  本条は新基礎自治体法第340条の再掲である。
  国務院の所見に応じるために権限移譲が明確に禁じられていない。

第283条

その地区に位置する都市の利益が基礎自治体議会の意見でそのために第282条に基づいて地区評議会に権限が付与されることを要求する場合には、基礎自治体によってその関連のある法令において定めているようにそれについての共同作業が行われることになる。

地区評議会はこのために執行命令を全て策定し、基礎自治体の命令が伝達された後で第1項に定められた共同作業に直接責任を負うことになる。

地区評議会が共同作業を拒否する場合には、そこで規則が基礎自治体議会によって作成される協議手続が開始される。この協議手続が合意を得て終結しなければ、その時は首長と理事たちが基礎自治体の決定を、このために地区予算に計上されているものを利用して執行する用意をする。これは地区評議会がその拒否を基礎自治体当局に知らせた後でだけ生じる。そのための関連する決定は基礎自治体議会の通知後の地区協議会の最初の会議で行われる。基礎自治体議会の決定の通知後の地区協議会の最初の会議で解決策が実らなかったならば拒否されたと見なされる。

はっきりと説明できる緊急の場合若しくは不可避の予測不能な状況によって、基礎自治体議会が第1項から第4項に反して、それらが例え地区評議会の権限だったとしても、首長と理事たちの理事会が必要な準備の実施の指示をすることができる。

  本条は新基礎自治体法第341条の再掲である。

第284条

本命令の第200条と新基礎自治体法の第119条もまた地区評議会に、以下のような条件で適用される：
1º 諸規則と諸条例は理事たちの理事会や基礎自治体議会の諸法令と不一致であっ

てはならない。警察諸規則もその適用の前に基礎自治体議会によって承認されなければならない；
2º 本文においては「基礎自治体議会」の語は「地区評議会」及び「基礎自治体」{原文では"」"が抜けている}「地区」と解される。

　　　　本条は新基礎自治体法第342条の再掲である。
　　　　基礎自治体令の諸規定への移し替えが国務院の所見に従って調整された。

第285条
本法に基づいて地区評議会が有している決定策定権に加えてさらに地区協議会は全ての事項について地区に関する一般的助言権も有している。

　　　　本条は新基礎自治体法第343条の再掲である。

第286条
§1. 地区理事会は以下のものを担当する：
1º 地区に託された諸施設の管理；
2º 地区の諸活動の指導。
§2. 理事たちの理事会は地区理事会に以下のものを担当させることができる：
1º 地区に建造されている基礎自治体の諸施設の管理；
2º 建築線の確定；
3º その地区に設置されている基礎自治体の所有物の管理；
4º 近隣道路と水路の維持の実施。
§3. 新基礎自治体法の第125条と第126条は、地区評議会議長は首長に取って代わり、首長と理事たちの理事会は地区理事会に取って代わられて地区理事会に類推適用される。

　　　　本条は新基礎自治体法第344条の再掲である。
　　　　§1の1ºに従って地区の「施設」が創設できることが明らかである。併しながら自立と法人への関与についての諸規定が地区に同様には適用されないことが記されている。それゆえ地区は独自に職務を生み出すことはできない。それゆえ施設という語句は本命令の文中では独自の職務とは無関係な職務だけを意味する。

第287条
各地区評議会は、自らの必要性を考慮した、それなりに基礎自治体議会によって基礎自治体の全体について確定された職員形成の一部をなす職員形成について提案をする。
基礎自治体議会による職員構成の承認の後でその職員は諸地区のために首長と理

事たちの理事会によって利用できるようになる。

地区事務所で働くこれらの職員たちは基礎自治体職員のファイルに留められ、彼らは設定された諸条件の範囲内で他の職員たちと競り合う権利を有する。地区に配分された職員の監督は地区理事会によって実施される。

基礎自治体の諸機関は制裁事項についての権限を残している。制裁の記録は地区書記自身のためのものを除いて地区書記の助言を含まなければならない。その助言はそれに対する基礎自治体書記からの要求後遅くとも50日までに与えられなければならない。助言が期限内に与えられなければならないのであれば、制裁手続はこの助言なしで続けることができる。

　　　本条は新基礎自治体法第345条の再掲である。

第288条

基礎自治体議会はそれについて毎年度基礎自治体予算から諸地区に提供される一般的寄付若しくは特別の寄付に基づいて規準を定める。

　　　本条は新基礎自治体法第346条の再掲である。

第289条

諸地区評議会はいつでも前もって諸地区の財政がどのように処理されなければならないかを助言しなければならない。

　　　本条は新基礎自治体法第347条の再掲である。

第290条

諸基礎自治体の計画とその財務管理に関する諸規定は以下のように解して諸地区の計画とその財務管理に適用される：

1º 「基礎自治体議会」は「地区評議会」；

2º 「首長と理事たちの理事会」は「地区理事会」と読まれなければならない。

　　　本条は新基礎自治体法第348条に基礎を置く。

　　　この規定は国務院の所見に従って3ºを追加することによって洗練されたものとなった。

第291条

地区評議会議長たちは状況がそのように必要とすればいつでも首長と理事たちの理事会によって協議のために招集される。このような協議は長期計画と予算の策定、並びに地区評議会に役立てられる職員形成確定のために、毎年度義務付けられている。この協議のために議長たちは共同で議長会議を形成する。

　　　本条は新基礎自治体法第349条の再掲である。

第292条

地区評議会は、内規が基礎自治体議会によって可決されるという条件で、基礎自治体議会の議事日程に追加される諸項目に、これらがその権限の範囲内で基礎自治体の利益に関わりを有する限り、応じる権利を有する。

  本条は新基礎自治体法第350条の再掲である。

第293条

基礎自治体の住民投票に関する第205条から第220条は、その権限に属する基礎自治体の利益に関わりを有する限り、地区評議会に適用される。これらの条文においては地区評議会と地区理事会は基礎自治体議会と首長と理事たちの理事会の代わりに行動する。

  本条は新基礎自治体法第351条の再掲である。

  その規定は国務院の所見によって洗練されたものとなった。とりわけ基礎自治体の住民たちに対してと同様に地区の住民たちにも同じ境界が適用される。

第XI編 – 雑則

第Ⅰ章 – 基礎自治体名の綴り方

第294条
フラーンデレン政府は基礎自治体とその内部地区の名称の綴り方を定める。

　国務院の所見に応ずるために基礎自治体への行政監督のフラーンデレン地域圏の規制に関する1993年4月28日の命令の第22条の2はさらに第303条を削除して基礎自治体令に統合した。当然本基礎自治体令に含まれているような監督規定への移し替えが適用された。

第Ⅱ章 - 基礎自治体の合併と分離

第295条
§1. 二つかそれ以上の基礎自治体は草案としてフラーンデレン議会に届けることができる共同提案をフラーンデレン政府に提出できる。
§2. 一基礎自治体か一基礎自治体の一部がもう一つ別の基礎自治体に統合されると宣告される場合には、共通の諸利益が相互の合意で当該の諸基礎自治体議会によって定められる。
基礎自治体間の意見の不一致の場合には紛争は国務院によって解決される。
併しながら諸紛争がその結果諸権利か資産を巡って生ずる場合には、諸基礎自治体は諸裁判所に回送する。
§3. 一基礎自治体か一基礎自治体の一部の追加の結果それが統合される基礎自治体において議員定数が増加されなければならない場合には、フラーンデレン政府は統合される基礎自治体からの投票人たちが招集されるよう命令する。フラーンデレン政府は第1回選挙に関する全てのことを準備し、基礎自治体法によって規定された通常の改選に従った基礎自治体議会の第1回の改選の日程を定める。
§4. 本条は行政問題における言語の使用に関する諸法律の第7条に述べられた諸基礎自治体と Voeren 基礎自治体には適用されない。
　　　　国務院の所見に応ずるために基礎自治体への行政監督のフラーンデレン地域圏の規制に関する1993年4月28日の命令の第22条ではさらに第303条を削除して基礎自治体令に統合した。当然本基礎自治体令に含まれているような監督規定への移し替えが適用された。

第296条
§1. どの基礎自治体もフラーンデレン議会に草案として送ることができる基礎自治体の分割の提案をフラーンデレン政府に提出できる。
§2. 一基礎自治体の一部が別個の基礎自治体として設置される場合には、フラーンデレン政府の決定が分割される部分の選挙人たちが直ちに招集されることを要求する。フラーンデレン政府は第1回選挙に関する全てのことを準備し、基礎自治体法によって規定された通常の改選に従った基礎自治体議会の第1回の改選の日程を定める。
§3. 基礎自治体諸議会は相互協定によって公文書、基礎自治体の物品及び負債について個々の住民数に比例して全てのことを規定する。

紛争が生じる場合は第295条§2に従って処理される。

§4. 本条は行政問題における言語の使用に関する諸法律の第7条に述べられた諸基礎自治体とVoeren基礎自治体には適用されない。

　　本条は、当然フラーンデレン政府に権限が帰属するという条件で、新基礎自治体法第275条を再掲する。

第XII編 - 最終規定

{以下はこれまでの条文の解説のため省略}

訳者略歴

佐藤　竺（さとう・あつし）
1928年　東京都生まれ
　現在　成蹊大学名誉教授
　　　　日本行政学会・日本地方自治学会各顧問

主要著書『日本の地域開発』1965年（未来社）
　　　　『現代の地方政治』1965年（日本評論社）
　　　　『転換期の地方自治』1976年（学陽書房）
　　　　『川崎市議会史第二巻』1986年
　　　　『地方自治と民主主義』1990年
　　　　『川崎市議会史第一巻』1991年
　　　　『武蔵野市百年史Ⅲ』1998年
　　　　『武蔵野市百年史Ⅳ』2000年
　　　　『武蔵野市百年史Ⅱ』2002年
　　　　『日本の自治と行政 上・下』2007年（敬文堂）
　　　　（翻訳）P・フェナー著『ドイツの自然・森の幼稚園』2009年（公人社）
　　　　『ベルギーの連邦化と地域主義―連邦・共同体・地域圏の並存と地方自治の変貌―』2016年（敬文堂）

フラーンデレン基礎自治体令の草稿　―Belgium・Vlaanderen―　　©2019
2019年（令和元年）11月7日　初版第1刷発行　　　定価はカバーに表示してあります

　　　　訳　　者　　佐　藤　　　竺
　　　　編集協力　　株式会社ジェイクリエイト

　　　　発 行 者　　大　田　昭　一
　　　　発 行 所　　公　職　研

　　　　〒101-0051
　　　　東京都千代田区神田神保町2丁目20番地
　　　　　　TEL　03-3230-3701（代表）
　　　　　　　　　03-3230-3703（編集）
　　　　　　FAX　03-3230-1170
　　　　　　振替東京　6-154568

ISBN978-4-87526-391-3 C3032　　　http://www.koshokuken.co.jp/
落丁・乱丁はお取り替えいたします。　PRINTED IN JAPAN　　印刷　日本ハイコム（株）

◆本書の一部または全部を無断で電子化、複製、転載等することは、一部の例外を除き著作権法上禁止されています。